内蒙古建筑业发展与战略研究

主　编：乔　木
副主编：张　斌　杨臣华

经济管理出版社

图书在版编目（CIP）数据

内蒙古建筑业发展与战略研究/乔木主编．—北京：经济管理出版社，2010.8

ISBN 978-7-5096-1069-5

Ⅰ.①内… Ⅱ.①乔… Ⅲ.①建筑业—经济发展—研究—内蒙古 Ⅳ.①F426.9

中国版本图书馆 CIP 数据核字(2010)第 146543 号

出版发行：**经济管理出版社**

北京市海淀区北蜂窝 8 号中雅大厦 11 层

电话：(010) 51915602　　邮编：100038

印刷：北京银祥印刷厂　　　　　　经销：新华书店

组稿编辑：曹　靖　　　　　　责任编辑：曹　靖

技术编辑：晓　成　　　　　　责任校对：超　凡

720mm×1000mm/16　　　　11.75 印张　　192 千字

2010 年 8 月第 1 版　　　2010 年 8 月第 1 次印刷

定价：28.00 元

书号：ISBN 978-7-5096-1069-5

"内蒙古建筑业发展与战略研究" 课题组

组　长：乔　木

副组长：张　斌　杨臣华

成　员：（按姓氏笔画排序）

包思勤　　左　昭　　付东梅　　代建明　　冯　斌

乔　木　　安士玲　　邢亚光　　杨臣华　　张　斌

张　晶　　张建中　　宝　鲁　　赵　杰　　贾宗仁

黄占兵　　薛　燕

序

　　进入新世纪以来，特别是西部大开发战略的实施为内蒙古自治区（以下简称内蒙古）经济发展提供了历史性的发展机遇，内蒙古迅速在中国西部崛起，2002年以来GDP增速持续保持全国第一，书写了中国西部经济增长的新传奇，被称为中国西部开发中的"内蒙古现象"。就内蒙古而言，区内外一些著名的经济学家分析评述这种奇迹的基础推动力，主要表现在三个方面：首先，内蒙古在"西部大开发"、"振兴东北老工业基地"等国家大的政策背景下，准确定位了适宜区情的战略取向，成为推动经济高速增长的一个重要因素。从国内外发展经验来看，一个好的政策可以促进一个地区的高增长；一个适宜自己的政策可以促进这个地区的持续增长。其次，经济增长的资本投入和全要素生产率两个重要变量的增长导致内蒙古经济加速发展。内蒙古经济增长一方面靠资本投入，另一方面靠提高全要素生产率。全要素生产率的改善，表明市场配置效率明显提高，规模效应和基础设施支持能力显著增强，技术创新能力不断改善。最后，经济体制改革完成了投资主体的转型过程，极大地激发了非政府投资活力。内蒙古高于全国的非政府投资源于把央企的资本密集、科技密集、人才密集，特别是在全国乃至全球配置资源的优势与自身优势结合起来，很好地利用了优势资源。

　　然而，到了"十一五"期末，国际国内经济环境已经发生了新的变化，内蒙古的经济和社会不得不又一次进入新的战略转型的关键时期。首先，内蒙古经济持续发展面临最主要的挑战是发展方式。一方面，伴随着哥本哈根气候大会的结束，国际碳汇贸易规则的提出，节能减排和应对全球气候变化的压力越来越大。"十二五"期间国家将在努力降低能源消耗水平和污染物排放的同时，增加对各地温室气体排放的限制，并对各地提出温室气体减排的约束性要求。以高碳产业应对发展低碳经济、建设低碳城市、构建低碳生活，内蒙古将面临比传统意义上的结构调整内涵更为广泛、任务更为艰巨、形势更为严峻的考验。另一方面，在最近国际金融危机的环境下，被许多人认为成功的发展方式在地区经济中也凸显出较强的不可持续性。现有的发展方式存在的重大缺陷都将直接影响未来一个时期经济社会的可持续增长。其次，内蒙古处于工业化中期向工业化后期转化的关键时期，也是城镇化加速发展的重要时期，内蒙古的发展更面临着全面建设小康社会攻坚任务的关键时期。因此，"从外需到内需，从高碳到低碳，由国强到民富"将在下一个发展阶段使内蒙古经济和社会面临着观念、结构、方式、体制等更多深层次变化。

　　管理学上最新推崇的一种理论叫"弯道赶超"理论。本意是指两个同向奔跑的运动员，落后的一位若在弯道处能够把握压里道的机会才会更容易超过前一运动员，而在直道上实现赶超反而不那么容易。弯道上发生的这种逆转，被称作"弯道现象"，由此衍生的跨越发展的理论便被称为"弯道赶超"理论。这一理论映射到内蒙古的经济社会发展中，就是要善于把握经济转型这个"弯道"中所蕴涵的重大历史机遇。利用新的发展阶段经济转型的弯道所创造的超越机会，迅速采取一些新的战略措施，在走过弯道后不仅使经济实力仍然保持快速提升，GDP的"含金量"位次亦能同步赶上发达地区。

　　《内蒙古发展研究文库》是内蒙古自治区发展研究中心每一个年度部分研究成果的集结。2008年度，我们出版发行的《内蒙古发展研究文库》，集结了研究探讨政府财政如何更好地推进内蒙古"三化"问题、在工业化发展进程中始终伴随的生态环境可持续发展能力问题、推进内蒙古工业化和信息化融合问题、解析内蒙古奶业发展机制问题等方面的研究成果，在2009年度相关部门进行的"十二五"规划咨询研究中发挥了重要作用。2009年度的《内蒙古发展研究文库》重点展示的研究成果有《内蒙古发展报告（2009~2010)》、《内蒙古建筑业发展与战略研究》、《内蒙古"十二五"发展战略研究》和《内蒙古产业集群战略》。这两套文库从不同侧面反映了该领域的发展轨迹与内在状态以及内蒙古在新的战略转型时期将面临的一些现实问题。这些著作起到的更多是经济发展进程中的研究成果共享与思想传承作用。我们相信本套文库的出版，可以为更准确地反映"内蒙古现象"的内在机理，积极把握经济转型新阶段的"弯道"所创造的超越机会，为研究制定内蒙古应对经济环境变化的适应性战略规划、战略措施以及相关政策咨询工作提供更深层次的研究基础，也可提供给更多关心内蒙古经济社会发展的人士参阅。

杨桂栓

2010年4月1日

目　　录

第一章 绪论

　　建筑业是国民经济先导性和基础性行业，具有附加值高和连续创收特点。由于建筑业产业关联性强和产品社会需求量大，它对国民经济和社会发展具有重要促进作用。随着国内建筑市场的完全开放，内蒙古的建筑企业也将不可避免地按照市场规则来参与建筑业内的全方位竞争。因此，探讨如何解决目前建筑业面临的若干问题，提出振兴和发展内蒙古建筑业的基本思路、发展重点和相关配套政策，对于内蒙古建筑业适应大范围的竞争环境，提高自身建筑产业的综合实力，具有非常重要的战略意义。

第一节　研究的背景及意义

一、研究背景

　　改革开放以来，内蒙古建筑业在市场推进和相关政策支持下取得了较快发展，产业综合实力不断增强，建筑企业的数量、质量和市场竞争能力均有明显提高。2008 年，内蒙古建筑企业总数为 1183 家，总产值 759 亿元，占全区地区总产值的 9.8%，建筑业已成为内蒙古国民经济的支柱产业。但与内蒙古经济社会发展的要求，与先进省市相比，建筑业仍存在较大差距。主要表现在：建筑业综合竞争力和市场开拓能力有待进一步提高，高资质水平的建筑企业数量依然偏少，促进建筑业发展的相关机制和政策体系尚未健全和完善，建筑行业监管需要进一步加强。这些问题必须引起我们的高度重视，并尽快采取有力措施加以解决，进而为内蒙古建筑业的全面振兴发展铺平道路。当前，受国际金融危机与国内经济周期性调整叠加因素影响，内蒙古经济下行压力加大，在此背景下，内蒙古建筑业不可避免地受到冲击，突出表现为生产经营风险加大，资金链日趋紧张，整体效益受到严重影响。面对新形势，我国进一步加大了在农村建设、实现产业升级、改善民生等方面的投资，这些都是内蒙古建筑业发展的新机遇。

二、研究意义

本研究报告通过调研、分析、评估，在深入挖掘内蒙古建筑业发展历程中的一些深层次矛盾和问题基础上，确定建筑业振兴发展总体思路、主要目标和重点发展任务，着力解决建筑业发展过程中存在的难点、热点问题，并提出具有较强针对性、指导性、操作性的振兴内蒙古建筑业的战略和相关政策措施。旨在明确建筑业调整、重组、振兴发展方向，指出政府工作重点，引导市场主体行为，合理配置及有效利用建筑业资源，促进建筑业生产力的优化组合，提高内蒙古建筑业在新形势下的综合竞争能力和发展能力，逐步增强内蒙古建筑业参与国内、国际建筑服务贸易竞争的实力，实现建筑业在推动内蒙古城镇化进程、产业结构优化升级、拓展市场空间、保障和改善民生方面所肩负的经济社会职责目标，推进内蒙古建筑业的持续健康发展，使建筑业真正成为内蒙古经济发展的支柱产业和可持续产业。同时，也为内蒙古建筑业深化改革和加快发展的重大决策提供客观、科学的依据。

第二节　建筑业的涵义及行业界定

一、建筑业的涵义

建筑业是国民经济的一个物质生产部门。主要从事建筑安装工程的生产活动，为国民经济各部门建造房屋和构筑物及安装机器设备。建筑安装企业的总体称建筑工业，是建筑业的主要组成部分。建筑业的生产活动包括建筑工业和自营建设单位的建筑活动，以及有关的勘察设计工作。

二、建筑业的行业界定

我国的国民经济核算体系和标准产业分类法中，建筑业被划定在第二产业的范围之内。在1994年的《国民经济行业分类与代码》（GB/T4757—94）中建筑业门类包括勘察设计业、建筑安装业和建筑工程管理、监督及咨询业三个大类。而2002年颁布的《国民经济行业分类》国家标准（GB/T4754—

2002）按照国际通行的经济活动同质性原则，为了利于统计，对 1994 年的标准进行了调整，建筑业的范围仅包括房屋和土木工程建筑业、建筑安装业、建筑装饰业和其他建筑业，而把工程管理服务、工程勘察设计、规划管理等相关服务列在"科学研究、技术服务和地质勘察业"门类的"专门技术服务业"大类中，为全面分析挖掘内蒙古建筑业所面临的问题及迫切需要解决的关键问题，本书除在此建筑业行业界定范围内对内蒙古建筑业进行分析研究外，还将把研究视野扩展到建筑服务业领域，涵盖了建筑产品的生产以及与建筑生产有关的其他的服务内容，甚至包括建筑业人力资源、建筑文化等相关内容。

第三节　国内外相关研究进展及理论基础

针对建筑业发展问题，各国研究者都是基于本国具体情况来进行研究。在一些建筑业比较发达的国家，研究者更加注重调查分析，并结合产业组织理论进行微观面研究，而建筑业处于发展中阶段的国家，特别是像我国这种处于转型时期的特殊时期的国家，国内的研究者主要侧重于定性研究。

一、国外相关建筑业的研究进展

国外学者对推动建筑业发展方面的研究大都集中在对不同规模企业的发展对策方面，其中主要关注于产业绩效、企业行为以及产业政策等方面。

（一）产业绩效发展方面

国外学者对建筑业绩效的研究多集中在项目现场层次的劳动生产率研究上，其中比较著名的研究包括对现场的劳动生产率扰动及其影响因素的分析。相比较而言，对产业层面的绩效研究相对较少，全要素生产率因其可以反映一个产业或地区的技术进步、规模效益、资源配置等方面，成为目前建筑业绩效研究的重点。这方面美国学者 Dacy 首次对建筑业全要素生产率进行了研究，他应用建筑工程价格指数、小时薪金指数、建筑材料价格指数等构成的混合成本指数，测算了美国建筑业的 TFP 数值。

（二）企业行为方面

对市场竞争方面的研究主要有：美国学者 P. Chinowsky 与 E. Meredith，他们就企业战略问题对 ENR 评选出的世界最大的前 400 家大型承包商进行了问卷调查研究，统计结果表明大型承包商相对中小型承包商而言，具有很强的技术领先战略意识，并认为这是大型承包商保持较高绩效水平的关键。2002年美国学者 S. Kale 和 D. Arditi 对建筑企业的竞争模式和市场范围与企业绩效之间的关系进行了研究，他们以利润、新增合同量以及经营额来衡量企业的业绩，统计分析结果表明企业竞争行为与企业绩效之间关系显著，并得出结论：企业竞争选择方式决定了企业的业绩，并认为建筑企业采用折中的竞争模式是超越对手最好的办法。日本学者小宫隆太郎对行业过度竞争作了更深一步的研究，认为过度竞争主要发生在集中度较低的产业中，尽管许多企业的利润率很低，但生产要素和企业却不能顺利地从该产业中退出。对总分包行为方面的研究主要有美国学者 S. Kale 和 D. Arditi，他们对美国 500 家大型承包商进行了问卷调查研究，根据反馈的信息，对企业综合绩效、总承包商与分包商的关系质量、获利能力和工程合同金额增加量进行了相关分析，研究结果表明，总分包商之间的关系质量与总承包商的综合绩效之间存在很高的正相关关系。美国学者 N. Costantino 等对美国商用建筑和住宅建筑市场的分包情况进行调查，研究发现在这两个市场中，绝大部分总承包商与固定的不同工种承包商形成稳定的协作关系，形成一种"类企业"，并且由于这种稳定的雇佣关系存在，承包商在选择分包商时很少采用公开招标的方式，虽然这有可能导致最后签署的不是最低标价。文章分析认为总包商规避高采购成本、减少因对不熟悉承包商而产生的过高监督成本是形成稳定关系的原因。

（三）产业政策方面

　　不同的国家针对本国建筑业发展，都有不同的发展政策，学者们的研究角度也因此有很多不同。如美国是一个典型的市场经济国家，并没有针对建筑业的具体产业政策；而日本政府对建筑业的管理是以政府为主导，有较为严格的准入制度；新加坡政府对建筑市场的管理则更为严格等。总之，各国都是结合本国实际，并从保护本国建筑业发展的角度出发来制订相关产业政策。这里值得我们借鉴的研究结果是：新加坡学者 G. Oforil 和 C. Lean 对新加坡建筑市场中的当地大型承包商、国外承包商、业主和咨询公司进行调查问卷研究，调查的目的是鉴别建筑企业发展的影响因素，结果表明政府政策援助排在第一位，然后是企业协作、融资支持和业主的支持。在一项旨在发展新加坡世界级大型承包商的研究中，M. Dulaimi 和 T. Hwa 认为新加坡政府应该加大建筑业 R&D 投入，便利融资渠道以及推动政府关联公司（Government Linked Company）与国外承包商合作经营措施来促进世界级大型承包商的形成。

二、国内相关建筑业的研究进展

由于国情以及正处经济转型期，我国研究者关于建筑业发展的研究分析主要集中在体制改革、企业竞争力、市场竞争、制度建设等方面，而且与国外研究者不同的是，大多数采用的方法是定性的理论分析，这也与我国建筑业长期发展的市场环境有很大关系。

（一）市场过度竞争方面

建筑市场的市场过度竞争一直是国内研究者讨论较多的论题，主要代表观点：田元福认为"过度竞争问题解决需要一个较为漫长和系统的过程"，需要"不断深化建设领域改革，真正做到进而有为，退而有序，抓大放小，严格管理等措施"才能逐步实现；李小东认为"我国整体建筑业过度竞争的根源在于规模结构层次不明晰，而不是企业过多"，"而大型企业过度竞争则是两方面的原因都有"；李政认为对过度竞争的治理建议采取"改行政进入壁垒为自然进入壁垒"，"改资质控制为主为执（职）业资格控制为主"等。

（二）制度建设及体制改革方面

关于建筑业的法规、制度建设及体制改革方面主要观点有：徐禄针对股权结构问题，提出"优化国有企业法人治理结构的体制改革的必要性"；法规研究方面，如招投标法规、监理法规、注册执业资格条例等也是一些研究者研究的对象。值得一提的是，王孟钧运用信用经济学理论，分析建筑市场信用特点，建立了建筑市场信用秩序治理机制模型和建筑市场业主激励机制模型，并运用系统动力学理论，进行计算机仿真试验，对建筑市场信用机制进行了深入而全面的研究，值得借鉴。

（三）企业竞争力方面

关于建筑企业竞争力的研究有基于理论对策研究的、有基于实例剖析研究的、有 SWOT、Porter 模型研究，也有少量基于数理分析。从方法论上来看，汪志刚以中建总公司为例分析了我国大型建筑企业所处的竞争环境，并按 Porter 理论，将竞争环境分解为新进入者、供应者、用户、替代品生产者和行业中现有企业间竞争等五种竞争力量，并就五种竞争力量进行了逐一分析；游志红基于"市场—技术—管理"三个层面对企业核心竞争力进行测评的思路，具体设计了测评国有中小型建筑施工企业的指标体系，并建立了一组测评的方法和模型体系，对核心竞争力进行逐项指标测评和整体性测评。从对策论上看，肖向宏提出"中小建筑企业应当树立特色经营、协同竞争的经营理念，并且不断地从创新中汲取发展的力量"；刘维庆认为"资本扩张是大型建筑企业增强竞争实力的有效手段";蒋志权认为建筑企业要提高竞争力和经济效益,必须形成自己的核心竞争力,要"明确市场定位,实行错位竞争"等。

第四节　研究的方法及内容

一、研究方法

本报告结合建筑业生产经营特性,以及当前内蒙古建筑业所面临的竞争环境,以系统研究思想为指导,借鉴已有研究成果,运用文献资料法、比较分析法、统计分析法,以及规范与实证相结合、定量和定性相结合的研究方法,并且采用问卷调查方式,对建筑业涉及的主要方面:产业结构、指标体系、人力资源、房地产、相关服务业等进行了系统深入的分析和研究,在此基础上,从振兴发展内蒙古建筑业的战略高度出发,提出内蒙古建筑业发展的基本思路、重点和应采取的对策措施。

二、研究内容

本书共分十章。第一章为绪论,主要说明研究背景及选题意义、研究范围、研究方法、研究内容,并对国内外建筑业的发展研究情况进行简要介绍。第二章为总论,该章以内蒙古建筑业现状、面临的环境、发展战略和重点任务、保障措施等为研究内容,指出内蒙古建筑业发展特征、基础和潜力,探讨今后内蒙古建筑业发展和改革的基本思路、主要目标,特别是重点分析了建筑业结构调整、挖掘民族建筑文化、完善服务体系、提高劳务队伍素质、建筑科技创新、促进房产、强化管理、加强保障八项任务和相应的措施。第三章是内蒙古建筑业发展实践与前景研究,该章在对内蒙古建筑业发展历程进行回顾、总结的基础上,对内蒙古建筑业的发展未来进行了展望。第四章是对内蒙古建筑业指标体系的研究,该章在国家建筑业的定义和分类的基础上,结合内蒙古实际,构建了内蒙古建筑业的指标体系结构模型,为全面准确地反映内蒙古建筑业发展的真实水平,进一步完善内蒙古建筑业指标体系提供了一个可借鉴的模型构架。第五章从理论和实证上分析研究了内蒙古建筑业的结构,并以此为基础提出了内蒙古建筑产业结构调整方向,并围绕结构调整方向，制定相关保障措施，为合理配置及有效利用建筑业资源，促进建筑业生产力的优化组合，完善内蒙古建筑业产业体系，全面提升内蒙古建筑业整体素质和竞争力提供一个可借鉴的途径。第六章通过挖掘民族文化资源，指出赋予内蒙古建筑民族文化灵魂的基本要素，并提出以内蒙古民族传统文化为基点，建设具有内蒙古特色的现代建筑的目标，并以此为出发点，提出了重点发展方向，为构建具有民族文化特征的内蒙古建筑体系提供了一个可借鉴的思路。第七章是对内蒙古建筑业人力资源现状的探讨和分析，指出了影响内蒙古建筑业人力资源素质的内外部环境因素，提出了加强人力资源开发的战略重点和保障措施。第八章是对内蒙古建筑咨询业的发展研究，该章系统研究了内蒙古建筑工程咨询业发展情况，运用比较分析法，结合国内外建筑咨询业发展经验，提出了发展内蒙古建筑咨询业的思路和目标，并提出了具有针对性的措施，为加快建筑工程咨询业发展、提高建筑工程建设和管理水平、提高投资效益和确保工程质量具有重要意义。第九章运用比较分析法对内蒙古建筑业信息化建设状况进行了分析研究，并采取了调查问卷方式对内蒙古建筑企业的信息化水平进行了调查，在此基础上提出了内蒙古建筑业信息化建设的目标及其相应对策措施。第十章是内蒙古房地产业对建筑业的作用研究，该章以探究房地产业促进建筑业发展的机制、机理为目的，重点研究通过房地产业对建筑业的作用机理及内蒙古房地产业对建筑业发展的实际影响，分析内蒙古房地产业特别是对促进建筑业发展中面临的困难和挑战及其今后发展重点和相关保障措施。

第二章　内蒙古建筑业发展与战略重点

建筑业是国民经济各产业中相关性和带动作用最强、吸纳劳动力最多、对人民生活影响最大的产业之一，是影响和推动经济社会发展的重要行业，承担着转化固定资产投资、转移农村富余劳动力、增加国民收入、提高人民生活质量、建设资源节约型与环境友好型社会的使命。改革开放以来，内蒙古建筑业积极开拓市场，加快发展步伐，对经济增长的贡献率逐步增强。但从总体情况看，建筑业依然是全区经济发展的一块"短板"。因此，加快振兴建筑业是内蒙古经济发展面临的一项紧迫而重要的战略任务，研究和推动内蒙古建筑业振兴发展战略，对于促进建筑业又好又快发展，振兴和发展内蒙古建筑业，实现可持续的建筑支柱产业战略目标具有重要意义。

第一节　建筑业发展现状及存在的问题

改革开放三十多年来，内蒙古建筑业在改革中逐渐优化产业结构、深化以企业产权改革为核心的各项改革，推进企业建立现代企业制度，为内蒙古经济社会建设发挥了积极的作用。但与区外发达省区相比，内蒙古建筑业依旧处于弱势，在全区各产业中建筑业规模小、企业资质弱、市场份额小、劳动生产率低的问题长期存在。由于缺乏有效的市场竞争优势，只能以建筑劳务输出为主要手段，在市场上承揽标志性产品的难度较大，更难以跨省区参与竞标，市场份额逐渐缩小，发展势头远远滞后于国内其他地区，同时也明显滞后于全区经济持续快速发展的步伐。

一、建筑业发展的基本特征

（一）建筑业增速逐年提高

1979～2008 年，全区建筑业企业完成总产值共计 4355.18 亿元，年均增速 11.9%，可分为平稳发展、加快发展和快速发展三个发展阶段：第一阶段为 1979~1990 年，年均增速 7.4%，增速比较平稳；第二阶段为 1991~2000 年，年均增速 11.7%，接近平均增速并逐渐加快，进入加快发展期；第三阶段为 2001~2008 年，进入 21 世纪内蒙古在国家积极的财政政策及西部大开发、振兴东北战略实施的背景下，固定资产投资力度加大，为建筑业的发展提供了良好的机遇，年均增速 19.1%，增长速度明显加快，进入快速发展时期。

（二）建筑企业发展迅速

1979 年内蒙古建筑业企业只有 160 家，随着经济体制改革的不断深入，建筑市场的开放，固定资产投资的增加，内蒙古建筑业企业由少到多，由小到大，由弱到强，逐渐发展壮大起来。在内蒙古扶优扶强建筑业的发展战略促进下，培育和发展一批规模较大、实力雄厚、市场竞争力强的骨干建筑业企业，以及具有综合管理能力的总承包企业和项目管理公司，使内蒙古建筑业企业不仅数量增加，而且企业实力增强，截至 2008 年末内蒙古具有建筑业资质等级的总承包和专业承包建筑业企业（不含劳务分包建筑业企业）753 家，其中，特级企业 1 家，一级企业 50 家，二级企业 228 家。

（三）建筑业结构不断优化

改革开放以来，内蒙古建筑业发展逐步适应市场经济体制要求，建筑工程项目管理方式由粗放型向现代项目管理转变，建筑工程项目化管理更加深入，建筑业企业以市场为导向，建筑业产业结合自身优势加快结构调整步伐，逐步形成由总承包、专业承包和劳务分包等企业组成的承包商体系。到 2008 年末，内蒙古具有建筑业资质等级的建筑业企业中，施工总承包企业 606 家，专业承包企业 147 家，劳务分包企业 59 家。从所有制结构看，1979 年，内蒙古建筑业只有全民所有制和集体所有制两种所有制成分，分别为 36 家和 124 家。随着改革的不断深化，内蒙古建筑业企业不断改革运行机制和管理模式，加快企业的改组改制步伐，建立规范的现代企业制度，逐步形成多种经济成分并存的格局，公有制经济逐渐退出，非公有制经济逐步增多，并且实力不断加强。到 2008 年末，具有建筑业资质等级的总承包和专业承包建筑业企业中，国有经济和集体经济 31 家，占 4%；非公有制经济 747 家，占 96%。

（四）建筑行业体系逐步健全

截至 2008 年末，具有建筑业资质等级的总承包和专业承包建筑业企业中，房屋工程建筑企业 474 家，铁路、道路、隧道和桥梁工程建筑企业 94 家，水利和港口工程建筑企业 26 家，工矿工程建筑企业 11 家，架线和管道工程建筑企业 29 家，建筑安装业建筑企业 79 家，建筑装饰业建筑企业 34 家。改变了内蒙古建筑业过去较为单一的产业结构布局，形成了门类较齐全的建筑业行业体系。

（五）建筑市场秩序日趋规范

监管体系逐步完善，2006～2008 年，先后颁布了《关于加快内蒙古建筑业改革与发展的若干意见》、《关于进一步推进建筑业、服务业、非公有制经济、中小企业发展和提高城乡居民收入的意见》、《外进建筑业企业备案管理办法》、《建筑业企业资质管理实施办法》等规范性文件，加强了对市场的监管力度。强化招投标各环节的监督，在内蒙古推广了电脑语音自动通知系统，开展无标底招标试点工作。充分发挥有形建筑市场的作用，拓展服务范围，2008 年内蒙古应招标项目招标率、应公开招标项目公开招标率均达到 100%。推进工程设计标准化工作，编制了《内蒙古自治区居住建筑节能设计标准》、《混凝土多孔砖建筑技术规程》等地方标准规范。重点抓好建设工程砌筑砂浆、混凝土质量专项治理，促进了工程质量水平的提高，2008 年内蒙古有 1 项工程荣获鲁班奖，5 项工程荣获国家优质工程奖。完善清理拖欠工程款工作长效机制，加强部门协调联动，建设领域拖欠工程款和农民工工资现象得到有效遏制，一些历史遗留问题正在逐步解决。

二、建筑业发展中存在的问题

（一）建筑企业规模小而弱

2008 年，内蒙古拥有总承包建筑业企业 606 家，总数居全国第 23 位，居西部第 6 位；从业人员 39.8 万人，居全国第 22 位，居西部第 6 位；企业总产值 748.74 亿元，居全国第 23 位，居西部第 5 位；利润总额 86.58 亿元，居全国第 18 位，居西部第 4 位。拥有专业承包建筑企业 147 家，总数居全国第 27 位，居西部第 10 位；从业人员 2.8 万人，居全国第 24 位，居西部第 6 位；企业总产值 31.3 亿元，居全国第 26 位，居西部第 8 位；利润总额 2.7 亿元，居全国第 26 位，居西部第 8 位。2008 年，内蒙古建筑企业总资产 590.24 亿元，资产总量居全国第 25 位，居西部第 6 位，其中，流动资产 418.79 亿元，居全国第 24 位，居西部第 6 位，固定资产 121.76 亿元，居全国第 23 位，居西部第 5 位。

内蒙古建筑企业数量、从业人员数量、企业利润和资产等处于全国落后水平，在西部地区仅处于中等水平。2008 年，内蒙古施工产值超过 10 亿元的建筑企业只有 10 家，而江苏省早在 2005 年施工产值超过 10 亿元的建筑企业已达 50 家以上；内蒙古最大的建筑企业年施工产值刚刚超过 30 亿元，与先进省区的 50 亿元甚至 100 亿元以上的大型建筑业企业集团的差距仍较大。

（二）建筑企业资质低而少

建筑企业资质等级是决定一个企业实力大小的关键性指标，是企业从事资质许可范围相应等级的建设工程总承包业务的前提和基本条件，具有一定的资质条件才可以从事相关的技术与项目管理。2008 年末，内蒙古总承包和专业承包建筑业企业中特级企业仅 1 家，一级企业 53 家，二级企业 174 家。

而建筑业大省江苏省拥有登记资质企业 15900 余家，特级企业 32 家，一级企业 8000 家，二级企业 3000 家，三级企业 8000 家；山东省拥有登记资质企业 10000 余家，特级企业 13 家，一级企业 200 余家，二级企业 3000 家，三级企业 8000 家。吉林省按资质等级分（不计算劳务分包企业），特级企业 4 家（含中直 2 家），一级企业 97 家，二级企业 401 家。特级、一级建筑企业的缺乏导致内蒙古建筑企业在激烈的市场竞争中缺乏基本的竞争能力，无法承接施工难度大、科技含量高、投资回报高的施工项目，在市场上承揽标志性产品的难度较大，更多的是承建施工相对简单、投入产出比低的普通项目。

（三）建筑业市场份额小

面对内蒙古固定资产投资逐年增加和建筑市场的繁荣昌盛，我们的本土建筑企业市场拓展的增长步伐相对缓慢。随着内蒙古建筑市场规模的扩大，全国各地建筑业企业纷纷争夺内蒙古大型工业、能源项目和土木工程的总承包市场，以及大型标志性建筑的设计市场，市场竞争更趋激烈。在区内房屋建筑市场公用工程等项目上，内蒙古建筑业企业占有 60% 的市场份额，但在有些专业建设的大型项目上，我们的建筑业企业由于业绩、资质、融资能力等因素常被拒之门外，所占的市场份额偏低。2008 年，电力、铁路、重点高速公路和高档次住宅项目大部分由区外企业承建，建筑业增加值中相当一部分市场份额被区外企业占有，而内蒙古企业在区外完成的产值不足 10%。近几年中国建筑企业百强中，内蒙古没有一家企业能够入选。

（四）建筑企业劳动生产率低

近几年，内蒙古建筑业企业总产值增长幅度保持在 20% 左右，而按建筑业总产值计算的企业劳动生产率增长缓慢。大多数施工企业拥有的仅仅是常规技术，主要从事房屋建筑施工，差别化竞争能力弱，自主创新能力不强、管理不到位，传统建筑业的科技含量和附加值低，建筑业形成了一种高投入、高消耗、高增长、低效率的粗放型经济增长方式。传统建筑业是资源消耗大户，是建立在粗放型发展基础上的经济增长，资源耗费的沉重代价削弱了企业的利润，降低了劳动生产率。2008 年，内蒙古建筑业企业劳动生产率 112488 元/人，仅高于宁夏，位居全国省区第 30 位。同时建筑业企业技术装备率 9531 元/人，低于全国平均水平 9915 元/人，位居全国省区第 19 位。

第二节 建筑业发展的有利条件和发展潜力

21 世纪头 20 年，是国民经济和社会发展的重要战略机遇期，建筑业是国民经济的重要支柱产业，在新的历史条件下，如何站在新的起点上，谋划建筑业振兴战略，实现建筑支柱产业目标，是全区上下特别是建筑部门和企业必须认真对待和亟须解决的重大课题。综合分析国内外环境和内蒙古的基础条件，"十二五"及今后一个时期，内蒙古建筑业既面临加快发展的全新战略机遇和有利条件，又面临着在振兴发展中各种严峻挑战和竞争的考验。

一、有利条件

（一）未来经济的增长态势，将带动建筑业的大发展

进入 21 世纪，内蒙古迎来了一个新的快速发展时期，2008 年地区生产总值达到 7761.8 亿元，以占全国 1.8% 的人口创造了全国 2.58% 的经济总量和 3.85% 的经济增量，从 2000 年的全国第 24 位上升到 2008 年的第 16 位，经济社会发展实现了重大跨越。内蒙古作为国家实施西部大开发、振兴东北地区等老工业基地、加快少数民族地区发展等区域发展战略的重点区域，在国家转变经济发展方式的政策推动下，在战略性新兴产业引领下，将继续保持较高的增长态势。"十二五"期间内蒙古经济增长速度预计可达到 15% 左右，成为国家重要的新型能源、原材料和绿色农畜产品生产加工基地的作用将得到进一步巩固，产业结构和消费结构持续升级，城乡居民生活向更加富裕的小康迈进，为内蒙古建筑业在今后较长时期保持较快增长奠定了基础。

（二）城镇化的快速推进，为建筑业提供了广阔的发展空间

伴随着区域经济协调发展，内蒙古呼包鄂经济圈的形成，以及锡—赤—通、海—满等区域经济圈（带）的突起，内蒙古经济圈、城市群、城市带规模在不断扩大，并正在形成一些新的区域中心城市，为内蒙古建筑业健康发展提供了新的引擎和基础动力。据有关专家估计，2050 年左右中国城镇化水平将达到 70%，内蒙古城镇化水平在目前高于全国平均水平的基础上，将有

可能率先达到70%的城镇化率，同时也预示着内蒙古的大规模城镇化建设至少持续 20～30 年。

（三）内外部政策环境的进一步完善，为建筑业大发展提供了强有力的政策支撑

进入 21 世纪以来，内蒙古为促进建筑业发展，相继出台了《内蒙古自治区人民政府关于加快内蒙古建筑业改革与发展若干意见》（内政发〔2006〕84 号）和自治区党委、政府《关于进一步推进建筑业、服务业、非公有制经济、中小企业发展和提高城乡居民收入的意见》（内党发〔2007〕16 号）等相关的指导意见和优惠政策。同样，内蒙古建筑业要由小变大、由弱变强，特别是大型建筑业集团企业的培育和建筑业中小企业的健康发展，需要更多的内外部政策和市场环境的强力推进。随着内蒙古经济社会的发展和综合实力的增强，加上国家的相关政策进一步完善，将更加有力地促进内蒙古建筑业的大发展。

二、发展潜力

（一）外需型经济模式的转换，将极大地刺激建筑产品的需求潜力

无论从目前我国国情还是内蒙古实际情况看，拉动经济增长的投资、消费和出口"三驾马车"中，消费对经济发展的带动作用将日益加大，并成为长期稳定促进经济发展的关键动力。建筑业作为各行业赖以发展的基础性先导产业，其中建筑产品的60%形成各产业扩大再生产的能力，40%直接满足人民住房及其他物质、文化生活的需要。建筑业产值每增加 1 亿元，可使社会总产值增加近 3 亿元，全社会内需的扩大，自然也扩大建筑产品的内需空间。

（二）全面建设小康社会，为建筑业奠定了稳定的市场需求

2020 年，内蒙古将实现全面建设小康社会的宏伟目标。随着全面建设小康社会的推进，广大城乡居民的物质、文化等各方面的需求将逐年提高，必然给建筑业带来长期的繁荣。社会主义新农村新牧区建设，也必然给建筑业带来刚性增长，仅从住房需求来看，比照全面小康社会的各项指标，考虑住房功能适度改善的技术性要求等，全区城镇住房需求将进一步提高，加上"住有所居、老有所养、学有所教、病有所医"各项目标的全面实现，需要持续大量的基础设施及功能场所的建设，将为建筑业带来长期的市场需求。

（三）内蒙古产业优化升级步伐加快，为建筑业发展提供了良好的市场前景

伴随着内蒙古以煤炭为主的相关产业优化升级、农畜产品加工产业的巩固提升、战略性新兴产业的突起，以及围绕富民产业的加快发展，加上基础设施建设，完善综合交通网络，水利设施建设和信息基础设施建设等，为内蒙古建筑业发展提供了良好的市场前景。

第三节　建筑业发展的总体战略、原则和目标

一、指导思想

以科学发展观为指导，抓住新型工业化和城镇化快速推进的机遇，紧紧围绕实现内蒙古建筑业的振兴发展目标，以优化调整结构、转变发展方式为主线，坚持"引进来"和"走出去"相结合，实施借力发展和大建筑业、大企业集团战略，重点推进总承包、专业承包、劳务承包体系建设，完善勘察、设计、监理等工程咨询服务体系，深度挖掘民族大区的建筑文化，着力培育和提高建筑劳务队伍素质，创新体制机制，大力拓展建筑市场，加快推进科技创新，推动内蒙古建筑业向质量型、科技型、效益型、集约型转变，提高建筑业的综合竞争力、产业带动力、劳动吸纳能力和经济贡献率，将建筑业发展成为内蒙古经济重要的增长点，并最终成为可持续的支柱行业。

二、遵循的基本原则

——富民兴业的原则。把加快建筑业振兴和发展作为我区富民的重要支柱产业，发挥建筑业产业关联度高、就业容量大的优势，鼓励建筑企业吸纳更多的劳动力特别是农民工，加强对农民工的就业培训，规范企业用工行为，切实保障农民工的合法权益，使建筑业发展成为转移农村牧区富余劳动力的主阵地、农牧民增收的主渠道。

——创新继承原则。把科技创新作为调整建筑业产业结构、转变发展方式和提高产业竞争力的重要抓手，大力发展节能、节地、节水、节材和智能、绿色环保建筑，努力实现在核心技术和应用技术领域的突破。把建筑文化创新和继承作为加快建筑业振兴发展的灵魂，在继承中国传统建筑文化和少数民族传统建筑文化的同时，深入挖掘特色民族文化，吸纳现代建筑文化的精髓，充分体现人与自然和谐统一的理念，实现建筑文化在现代、传统与民族上的融合。

——效益效率原则。在加快振兴和发展建筑业的同时，既要保持较快的

增长速度，又要注重提高建筑业发展的效益、效率，引导建筑企业通过采取加强技术创新、健全法人治理机构、调整组织结构、提高管理和资本运作水平等措施，提高建筑业整体素质和生产要素配置效率，获取更好的经济、社会和生态效益。

——区域共同发展原则。统筹全区建筑业区域协调发展，在加快呼—包—鄂及其周边地区建筑业发展的同时，鼓励赤峰、通辽、呼伦贝尔等东部盟市在专、特、精、高等方面形成特色和优势，形成中西部和东部优势互补、各有特色、相互促进、共同发展的新格局。

三、发展目标

（1）总体目标。建筑业对经济社会发展的贡献明显增大，市场竞争力和产业拉动作用显著增强。到 2015 年，全社会建筑业总产值突破 2400 亿元，其中三级以上企业总产值达到 1800 亿元；建筑业增加值达到 1500 亿元，占内蒙古地区生产总值的 7% 左右；增加值超过 50 亿元的盟市 8 个，其中 100 亿元的盟市 3 个；施工产值超过 30 亿元的企业集团 5 家，其中超过 50 亿元的企业集团 1 家，建筑业成为经济增长新的增长点。

（2）经济效益目标。劳动生产率水平和增加值率有明显提高，产业效益和可持续发展能力有明显增强。到 2015 年，内蒙古建筑业劳动生产率达到 23 万元/人，平均每年提高 11%；利税总额超过 400 亿元，年均增长 25%。

（3）市场开拓目标。扩展内蒙古区内市场，开拓区外市场，逐步形成区内外传统与新兴市场共同繁荣的市场格局。到 2015 年，区内市场份额达到 70%。

（4）质量安全目标。竣工工程质量全部达到国家标准和规范要求，其中大中型工程建设项目综合试车和验收一次合格。创出一批优质精品工程，"十二五"期间，争创鲁班奖工程 10 项、国优工程 40 项；安全事故起数和死亡率继续下降，百万元产值死亡率控制在 2 以下，力争不发生特大质量安全事故。

（5）科技人才目标。科技创新能力明显增强，产业素质显著提高。到 2015 年，内蒙古区建筑业科技进步贡献率达到 40% 左右，科技成果推广应用率和信息技术应用率达到 50% 以上；培育 100 名优秀企业家，1000 名优秀项目经理和建造师，1 万名优秀关键岗位和专业技术管理人员，10 万名优秀一线操作人员，关键岗位和特种作业人员全部持证上岗，一线操作工人持证率达到 60% 以上。

（6）远期目标。到 2020 年，各项主要经济指标在 2015 年的基础上翻一番，产业规模更加壮大，产业结构更趋合理，经济效益继续提高，内蒙古区内市场和外部新兴市场份额进一步提高，对经济发展的贡献作用进一步提升，基本形成适应市场经济发展要求的现代产业体系、企业组织体系、市场体系和行业管理体系。实现建筑业增加值占全区地区生产总值的8%以上，以后长期稳定在7% ~8%，成为国民经济重要的支柱产业。

四、总体战略

积极实施借力发展和大建筑业、大企业集团"三大战略"，实现上述建筑业振兴目标。

借力发展战略。坚持走出去和引进来相结合的原则，引导和鼓励内蒙古建筑施工企业和工程咨询企业积极寻求与国内有实力的建筑大集团、大企业合作，采取联合协作等方式，承接浙江、江苏、山东等大型建筑企业的专业分包和劳务分包，借船出海，借力发展，通过引进资金、技术、设备和先进的管理经验，逐步壮大自身实力，积累经验，提高市场竞争力，推动内蒙古建筑业实现跨越式发展。

大建筑业战略。在加快扶持现有房屋建筑企业扩大产业规模、提升市场竞争力和提高区内建筑市场份额的同时，鼓励和引导建筑企业多元经营，拓展产业领域，突破以房屋建筑业为主的局限，向市政、交通、水利、电力、矿山等专业工程，以及化工、冶金等专业设备安装领域拓展，尽快形成覆盖房屋建筑、土木工程、设备安装、装饰装修的大建筑业格局。

大企业集团战略。在建筑业发展具备一定规模的基础上，把培育、扶持一批建筑企业做大做强作为振兴建筑业的着力点。鼓励和扶持建筑施工企业、工程咨询企业优化重组，鼓励大型建筑业企业与勘察设计企业联合重组，实现设计施工一体化发展，加快资本、人员、技术和品牌扩张，形成一批资金雄厚、人才密集、技术先进、市场竞争力较强的大型企业集团，发挥其龙头和辐射带动作用，提高建筑业产业集聚度和整体竞争实力。

第四节 调整建筑业结构，推动建筑产业升级

适应国家投资结构调整和建筑市场的发展变化，围绕提高建筑企业市场竞争力，推进建筑业组织结构调整、企业经营结构调整、建筑专业结构调整，优化资源配置，促进建筑产业升级和协调发展。

一、推进组织结构调整

加快推进建筑业组织结构调整，形成合理的大中小企业层次结构，构筑以总承包企业为龙头，专业承包企业和劳务分包企业为基础，分工明确、配套协作、整体优势明显的产业组织结构。

培育发展总承包企业。鼓励我区特级、一级总承包企业向集团化方向发展，利用资金、技术、人才等优势，实行跨地区、跨行业收购、兼并、重组，形成一批在全区建筑企业中具有带动力、聚集力的集团化经营的工程总承包企业；扶持中小型总承包企业并购重组，在全区形成一批市场竞争力较强、管理先进、技术含量较高的总承包骨干企业；鼓励有条件的骨干企业晋升特级、一级企业，同时要扶持一批成长性较好、扩张力较强、拓展区外市场成效显著的企业晋升等级；积极引导骨干总承包企业走勘察设计、施工等一体化的路子，延伸产业链，提高规模经营效益。

做强做精专业承包企业。强化内蒙古专业承包企业现有专业技术特长，引导和支持企业向技术含量较高的专业承包方向发展，向填补市场空白、符合国家产业发展方向的领域发展，重点发展建筑智能化、消防设施、建筑装饰装修、防腐保温、建筑幕墙等设计与施工一体化，以及钢结构、电子工程、电信工程、环保工程、体育设施、交通设施等经营特色明显、市场前景广阔、具有拉动消费能力的专业承包企业；引导有一定专业施工基础的中小型总承包企业向专业化、技术型方向发展，改造为专业承包企业，培育成为技术密集型的专业承包企业；鼓励有一定规模的专业承包企业向专业工程设计与施工一体化、工厂化方向发展，提高全区专业承包企业与总承包企业的协作配套能力。

大力发展劳务分包企业。多渠道建立和发展建筑劳务分包企业，鼓励大中型骨干企业实现管理层和作业层分离，将分离后的作业层改制组建为劳务公司，支持小型施工总承包和专业承包整体转型为劳务企业，组建综合性大型劳务分包企业，鼓励无建制的劳务群体向有建制的企业转化，扶持农民工输出较多的地区组建建筑劳务公司。积极促进劳务企业与大型总承包企业建立相对稳定的长期合作关系。加快建立劳务人员实名制管理体系，规范企业用工行为，推动劳务企业规范化发展。

二、支持建筑企业经营结构调整

支持建筑企业在突出主项、突出专业特色的同时，改变目前单一经营格局，多增项，拓宽经营领域，发展规模经营、多元化经营和联合经营。

鼓励和支持交通、水利、铁路、钢铁、房屋建筑、勘察设计企业之间强强联合，通过参股、控股等形式进行跨行业重组，组建大型土木工程联合体或项目管理公司，创建发展一批在全区建筑企业中能够提供项目开发、勘察、设计、物资采购、施工安装、物业管理等工程集成服务，具有资金、技术优势，具备工程项目总承包能力的工程建设综合性企业集团。

引导建筑企业充分发挥自身优势，积极拓展经营业务，向关联度较高的上下游产业延伸，形成一业为主，多元并举的经营格局。围绕产业链纵向延伸，大力开拓钢结构、幕墙、市政、桥梁、新型建筑材料、智能化设备安装等领域，加快向高附加值的产业拓展。围绕价值链横向拓展，积极向房地产业、高科技产业、服务业、机械制造业等跨行业领域发展，推动建筑业由单一型经济向多元经济转变，进一步提高建筑企业经济效益。

积极发展咨询服务体系，支持有能力的工程勘察、设计、监理、招标代理、造价咨询等企业拓宽服务领域。培育和规范工程质量检测、信息咨询等中介服务机构，发挥中介服务功能。

三、强化建筑专业结构调整

在巩固、提高传统房屋工程建筑的基础上，积极拓展道路桥梁、大型公共建筑及工业建筑等中高端建筑领域，逐步改善我区建筑业专业结构失衡现状。支持、引导内蒙古建筑企业，通过与区外相关专业企业联合投标等方式，广泛介入到公路、铁路、隧道、机场、桥梁、轨道交通等基础设施施工领域，逐步提升内蒙古建筑企业在市政、路桥、交通、水利、燃气、矿山、电力、通信等新兴或高附加值的专业工程的施工能力，加快拓宽我区建筑业的专业结构，创造更高产业附加值。要积极扶持企业申报公路、铁路、石化、电力、水利、矿山、通信等总承包资质，大力培育一批竞争力强的骨干企业成为铁路、公路、水利等总承包企业，并提高市场占有率。

四、完善建筑业市场结构调整

提高内蒙古建筑企业实力，壮大对外承包工程经营主体队伍。加快培育开拓区内外建筑市场的龙头企业，通过强化资金、人才、技术、管理等关键生产要素，提高企业核心竞争力和资本营运能力，发展一批实力强、市场竞争力强、资产规模大的建筑业特级、一级企业和企业集团，使之成为巩固、提高区内建筑市场份额，带动我区建筑业开拓国内外市场的主导力量；鼓励扶持施工企业与投资、设计、监理企业之间实行重组，形成一批具有科研、设计、采购、施工和项目融资综合实力的骨干型企业和企业集团，快速提升建筑业运营规模与实力，增强内蒙古建筑业区内外市场的整体竞争力；要充分发挥龙头及骨干企业集团的带头作用，引导更多的中小型建筑企业开拓市场。加快培育一批境外工程承包企业。鼓励和支持具有一级（甲级）及以上资质的建筑业企业申报对外承包工程经营资格，鼓励和支持建筑施工企业、劳务企业申报对外劳务合作经营资格，鼓励和支持符合条件的具有对外承包工程资质的企业申报对外援助成套项目施工任务实施企业资格；积极推动企业间的资源整合与联合，促进总承包企业之间，总承包、专业承包、劳务分包企业之间，施工企业与投资、设计、监理和运营企业之间强强联合、优势互补、共同发展，增强区内外市场竞争力。

支持企业多途径多方式参与区外工程承包，逐步提高内蒙古建筑业在区外建筑市场的份额。鼓励区内企业利用股份合作、项目合作等方式共同联合参与区外承包工程。鼓励对外工程承包企业充分利用自身比较优势，与国内知名承包商组成联合体，共同投标承包区外大中型工程项目。鼓励通过新设、收购、控股等方式，在区外投资设立工程承包企业，获取当地各类投标承包资质，为在更多地区争取更多的总承包项目取得"通行证"。区内建筑企业要积极争取与区外建筑业发达地区的大承包商建立长期稳固的合作关系，借船出海，借力发展，以他们的技术、管理、品牌和资金优势，拓展工程承包领域，扩大劳务输出规模，不断提高我区建筑业在建筑市场的份额。

引导企业开拓国际市场。支持内蒙古高资质等级建筑企业发挥地域优势，以独立承包或与国内外承包商联营合作等方式积极参与蒙古、俄罗斯等国际承包市场竞争。鼓励和支持企业申报对外援助成套项目施工任务实施企业资格，积极争取援外工程项目。密切跟踪我国与蒙古国和俄罗斯签订的多（双）边经贸合作一揽子框架协议，大力推动内蒙古建筑企业承接框架协议下的建设项目。支持内蒙古建筑企业与矿产勘探开发企业相结合，通过"以工程换资源"等新型合作方式，开展对外承包工程。发挥内蒙古建筑企业的房建优势，鼓励建筑企业以投资模式开发周边国家的住宅小区和房地产开发项目。积极参与和蒙古国的境外经贸合作园区工程项目建设，带动内蒙古建筑业设计、咨询、施工、监理、安装、装饰装修等产业链整体"走出去"。

五、推动建筑产业优化升级

加快全区建筑工业化进程。积极推进建筑工业化，大力发展建筑标准件，提高建筑业标准化水平。加大建筑部件工业化生产、工厂化拼装比重，提高施工现场装配能力和机械化生产水平。引进和推广先进技术，加强建筑工业化标准体系建设，推进建筑工业化基地建设，逐步提高内蒙古建筑行业工业化水平。

推动建筑节能减排。将环境保护、资源节约贯穿于建筑工程建设全过程，严格执行国家和自治区出台的建筑节能标准，建立完整的建筑节能检测和评价体系，实施以建筑节能强制标准为主要内容的闭合式管理，加强建筑节能实施的动态管理，重点在施工许可和验收两个环节加强对执行建筑节能标准的检查。进一步完善建筑节能的应用技术体系，不断提高施工单位建筑节能技能水平。建立重点耗能产品和建筑市场准入制度，限制落后技术、工艺，淘汰能耗大、效益低、质量差及安全无保障的建筑机具、设备和材料，大力应用和推广建筑节能新技术、新材料、新设备，不断提高建筑节能效益。

第五节　加强建筑业人才培养，提高建筑劳务队伍整体素质

以传统建筑业向现代建筑业转变为目标，完善建筑业人才结构，建立与市场和行业发展相适应的人才培养、引进和使用体制机制，多渠道、多层次、多方式引进和培养由企业家、项目经理、工程技术人员和劳务人员组成的建筑业团队，培养和储备多层次人才，建立科学的人才储备的梯度和结构层次。建立比较完善的劳动保障体系和激励机制。加大职业培训力度，提高建筑行业人员整体素质。

一、着力培育和引进建筑企业家以及管理者

建筑业的繁荣依赖于建筑企业的发展，建筑企业的发展依赖于建筑企业家的作为。努力构筑建筑业的人才高地，尽快解决高级人才的匮乏问题。使用内部培养和外部招聘两种方式，对原有企业家和管理者进行培养，进一步提高业务水平，同时完善建筑业人才引进制度，鼓励建筑业企业引进高层次人才，多渠道、多形式地培养和引进人才，并享受我区人才引进优惠政策，对外部新引进的企业家和管理者进行本地培养，适应企业环境，并具备相关的知识能力。以培养优秀企业家和管理者为目标，结合我区建筑业发展和劳

动力供求的实际情况，组织实施培训，稳步发展针对性强、专业性高的高等教育，提高企业家和管理者的管理能力以及战略水平。建筑企业要利用雄厚的资金资源和完善的劳动保障体系等方面的先发优势，大力吸引优秀的企业家和管理者，使企业人才结构完善合理，在决策、管理等方面能够更多地渗透企业家和管理者的知识和智慧，使企业的发展更加具有科学性。

二、大力发展项目经理人和建造师

建筑业做大做强必须要有高智力支持，必须培育一批工程化和经营化的项目经理人。引导高资质企业的项目经理人和建造师的价值取向，定位在做国家级的项目经理人和建造师，挖掘和培养管理能力和业务素质。要加大培训和引进力度，项目经理人和建造师可以由企业自身投资培养，保持"本土化"优势，也可以通过与国内大型建筑企业或境外企业管理层之间的交流交换，实行"外来化"引进，这两种形式应成为内蒙古建筑企业使用高级人才的主要形式。加强与国内外建筑业人才资源开发机构的合作，采取"走出去，请进来"的办法，在有计划地选派高级人才出区考察深造的同时，邀请区外专家到我区来交流，引进、消化、吸收国内外先进技术和管理的办法。企业经营管理人才的评价要重视市场和出资人的认可，改革和完善企业经营管理人才的选拔使用方式，要以推进企业经营管理者市场化、职业化为重点，选拔使用重点向市场化、职业化转变。坚持市场配置，组织选拔和依法管理相结合，培育和造就优秀企业经营管理人才队伍的良好环境和有效机制。建立人员数据库和绩效考评机构、制度和体系，实行动态管理，重用业绩显著、富有朝气的建造师，培养其时间管理、成本管理、风险管理、合同管理、交流管理等综合协调能力，制定职业化建设的自律标准，加强职业化管理，完善其成长的市场环境、政策环境和社会环境，以及激励机制和约束机制。开展项目经理培训要考虑按施工项目经理、工程总承包项目经理不同层次的要求，以培养优秀项目经理人和建造师为目标，结合我区建筑业发展和劳动力供求的实际情况，组织实施培训。稳步发展针对性强、专业性高的高技能教育，大力提高项目经理人的业务素质和现场管理能力。

三、加强工程技术队伍建设

建筑企业应当培养和引进与企业经营发展方面相关的专业技术人才，引导和指导企业重视开发专业技术科研创新和研发能力培养。要坚持"先培训、后上岗"的原则，既加强新工艺、新技能的培训，又注重职业道德素质的培养。以培养优秀工程技术人员为目标，结合内蒙古建筑业发展和劳动力供求的实际情况，建筑企业每年要有计划地组织各类工种培训。依托骨干企业开展实习，稳步发展针对性强、专业性高的职业教育，大力提高从业人员的业务素质和操作技能。要进一步健全技能等级考核制度，使各级技术工人达到最佳比例，创造条件鼓励建筑业企业人员参加各类执业资格考试，对建筑业企业中无相应学历但具有丰富实践经验，业绩突出的专业人员，优先推荐参加中级专业技术资格评审。在企业中建立建筑技术创新激励机制，特级、一级建筑施工企业每年应分配企业利润中的一部分作为技术基金，用于奖励工程技术人员。在工程项目实施方面更多地渗透着工程技术人才的知识和智慧，使建筑企业的发展更加具有科学性。要营造文化氛围，增强情感归属，激发工作干劲，提高对企业的忠诚度。

四、提高劳务人员整体素质

以深化建筑业用工制度改革、完善劳务分包制度为契机，加强建筑劳务队伍的社会化管理与建设，规范劳务用工管理，维护农牧民工合法权益。加强建筑劳务基地建设，加大有组织输出力度，建立基地，搞好协作，扩大劳务输出面，在赤峰市、通辽市和乌兰察布市等劳动力资源丰富的地区，借助政府、民间和社会力量，建立建筑劳务基地，形成企业与基地互为依托、相互选择、协调发展的建筑劳务管理机制。大力发展劳务分包企业。制定扶持政策，鼓励成建制的劳务队伍、农村牧区建筑队、个体业户组建劳务分包企业；引导大型总承包企业实行作业层分离，组建独立的劳务分包企业。规范建筑劳务用工管理，企业进行劳务分包，必须使用有相应资质的劳务企业，禁止将劳务作业分包给"包工头"；建立建筑劳务用工信息服务体系，收集发布劳务用工需求总量、工种结构和技能要求等用工信息；加强劳务用工合同管理，要依法签订书面劳务合同，并向劳动保障部门备案。保护农牧民工利益，建立工资支付监控制度和工资保证金制度，解决农牧民工工资偏低和拖欠问题；搞好农牧民工就业服务和职业技能培训；依法将农牧民工纳入工伤和意外伤害保险范围；建立建筑业农牧民工工会组织，保证农牧民工依法享有民主政治权利和产业工人待遇。加快农村牧区劳动力转移，建立劳务输出信息库，对性别、年龄、文化程度、技能状况、意向等进行登记建档；完善劳务输出网络体系，以劳动力市场为基础，劳动社会保障机构为依托，职业中介组织为补充，全面推进劳务输出。以培养合格的建筑劳务工人为目标，重视农民工的培训和教育，依托企业开展实习，提高从业人员的业务素质和操作技能。重点加强劳动力转移培训，落实资金、师资和培训基地，因地制宜搞好农民工培训，提高农民工生产操作技能，促使劳动力转移由体力型向技能型转变。

第六节 加快科技与信息化进程，推进建筑业科技进步

加大建筑科技推广力度，用高新技术改造提升建筑业，以提高建筑业科技进步贡献率、科技成果推广应用率和信息技术应用率为目标，推动传统建筑业向现代建筑业的转变。

一、推进建筑业技术进步

以标准化、集约化和信息化为基础，以科学组织管理为手段，不断提高建筑业技术水平、管理水平和生产能力。制定完善建筑业科技政策和发展规划，定期公布推广应用、限制使用和强制淘汰的技术、工艺、材料、设备目录，组织实施各类科技示范工程，加强新型建材和节能技术的研究开发。围绕建筑施工的关键技术，组织产学研联合攻关，在有条件的企事业单位设立技术开发中心，构建以市场为导向、以骨干企业为主体、以高等院校和科研院所为依托、以中介机构为纽带的建筑业技术创新体系。坚持节约资源和保护环境，强化初步设计和建筑设计能力，拓展前期咨询和后期项目管理能力，确保生产性建设项目的工艺、设备和主体工程先进、可靠，确保民用建设项目适用、经济。完善建筑施工标准体系，落实建筑工程施工工艺规程。组织实施建筑业科技示范工程，发挥示范带动作用。大力发展节能型、环保型绿色建筑，禁止使用淘汰产品，提高施工机械化生产水平。

二、增强企业自主创新能力

建立以市场为导向、以企业为主体、产学研相结合的技术创新体系，强化自主研究和集成创新，加大引进消化吸收再创新的能力，提升产业整体技术水平。建立科技创新激励机制，鼓励企业加大科技投入，大中型建筑施工企业每年可从企业利润中安排一定比例，有能力的企业应加大研发投入，建立技术创新基金，用于科技开发和奖励技术创新人员。鼓励建筑企业研发自

己的专有工艺、专有工法和关键技术，增强企业核心竞争力，为建筑业发展提供强大的科技原动力。重点推动建筑业企业大力发展钢结构技术、整体预制装配式结构技术，改造建筑的维护结构及技术，提高建筑构配件的标准化、系列化、定型化程度。

推动科技成果推广转化。开发、推广、应用能够推动内蒙古建筑业结构升级的、可持续发展的新技术、新工艺、新材料和新设备，推广资源节约、生态环保、信息网络技术和产品，推广建筑业新技术，推广应用高性能、低耗材、可再生循环利用的建筑材料，推广先进适用的装修成套技术。推进关键技术的创新和系统集成，在工程应用中进行技术整合，不断创新，加快科技成果向现实生产力的转化。

三、加强企业体制机制创新

以增强企业活力与竞争力为目标，加快企业改制步伐，提高管理创新能力，加强诚信建设，创建精品工程，不断提升品牌形象。以股份化、民营化、集团化为方向，建立现代产权制度，吸纳民间资本进入建筑业，扩充资本实力，实现投资主体多元化，完善现代企业制度。加快企业内部组织结构创新，转换经营机制，建立以工程项目部为核心的施工生产组织形式，提高企业的竞争力和运营效率。围绕企业战略管理、项目管理、成本管理和风险管理，提高企业管理创新能力，组织和指导一批实力强、信誉好、有特色的建筑企业创建品牌，提高企业的技术创新能力、项目经营能力、建筑产品开发能力，加快提升工程质量和施工管理水平。加强企业与金融部门协调与战略合作，积极争取贷款额度，鼓励企业上市融资，积极开展生产经营与资本运营相结合的模式，运用多种项目组织实施方式，增强企业资本运营能力。

四、加快建筑业信息化建设

大力发展信息技术，全面推广、普及信息技术在企业中的应用，提高企业的经营管理水平和技术水平。争取建成以网络为支撑，以专业设计技术应用为基础，以工程信息管理为主线，设计施工与管理实现一体化的计算机集成应用系统。工程总承包企业要重点建设网络平台、工程协调设计、综合项目管理和经营管理信息三大系统，提高企业信息化水平。提高建筑部件、部品的工业化生产比重，使建筑的生产过程更适合于机械化、自动化、信息化操作，提高施工现场装配能力和机械化生产水平，提高建筑业的劳动生产率。

第七节　创新发展建筑文化

建筑是文化的彰显，文化是建筑的灵魂，在内蒙古民族文化大区的建设中，建筑文化也是一项重要的领域。内蒙古多元、悠久、深厚的文化完全可以而且十分必要通过物质实体——建筑表现出来，通过有形的建筑彰显无形的文化，加深文化的积淀，塑造民族文化品牌，展示草原文化，建设特色城市，促进城市经济社会快速、健康、协调发展，推进民族文化的产业化。内蒙古建筑文化的确定与塑造应以传统文化为基础，以草原文化为依托，以蒙元文化为核心，促使建筑和城市发展趋向民族本色的回归，力求将内蒙古建筑业打造成具有鲜明民族文化特色、传统与现代融合的符合时代发展和市场经济规律的建筑文化体系。

一、深度挖掘民族文化资源

内蒙古得天独厚的自然资源，丰富的历史文化资源和民族文化资源，不同民族的繁衍、迁徙，中外文化的融汇、交流，为完善与提升内蒙古建筑文化提供了深厚而广阔的要素源泉。

内蒙古历史形成的不同来源、不同建筑风格相互融合的城镇风貌特色是建筑文化直接的源泉。历代受到中原汉民族建筑形式的影响建造的宫殿、寺庙、民居传承着我国传统建筑文化，受藏传佛教影响的寺庙大多采取了藏式或蒙藏汉结合的风格，近现代基督教的传播又为内蒙古带来了以西方哥特式为代表的教堂建筑样式，这些既有的建筑成为内蒙古建筑文化挖掘与塑造的直接参考。

内蒙古多元的民族文化成为建筑文化的深层次源泉。各民族历史渊源不同，拥有深厚而独具特色的民族文化，通过对各个民族生产方式、生活习惯、风俗礼仪、服装服饰、生产生活用具、宗教信仰、自然崇拜的挖掘，从审美视角、人文理念、历史传统、心态情趣等方面探索建筑文化的内涵，发掘出多样化的、特色鲜明的建筑特色语汇和符号。

二、突出当代地域性建筑特色

内蒙古建筑文化构建的目的是立足于民族文化精神和地方特性实现建筑文化创新和提升，将民族文化隐藏在建筑传统形式的背后，透过建筑硬件反映地域性价值观念、思维方式、文化、心态、审美等。

牢固树立人与自然和谐理念，作为内蒙古建筑文化的灵魂加以确立。将建筑物与周围的山川、河流、绿化和水体环境以及自然地形地貌充分地结合，建筑的规划、设计创作追求与周围环境整体上的美感。

单体建筑本身以现代的建筑形式、建筑材料和技术体现优秀的传统文化内涵和审美趣味。吸收利用传统的外表形式，引进新的技术和材料使建筑产生焕然一新的面貌。将传统元素的外表形式进行重新组合，柱、天花板、墙壁、楼道、窗户、天窗、墙壁围成的房间、入口、露天空间等看作符号，并将这些符号配置于现代建筑中，修饰以花边、云图、冠饰等艺术符号，使建筑形式获得新的多重价值和意味。根据内蒙古民族文化传统对色彩的感受去理解、解释色彩的象征和意义，对建筑色彩、自然色彩的模拟，以象征地域文化的色彩的白色系列为基础色调，搭配蓝色、红色等装饰色调加以现代化的运用，使其具有更强的归属感和识别性。

三、创建内蒙古建筑民族品牌

传统建筑文化的特点融合现代元素，大力推动民族建筑文化品牌的传承和创新。对建筑造型、建筑色彩、建筑符号进行仔细推敲，把文化贯穿于规划建设的始终，以建筑承载文化、以文化丰富建筑内涵。

建筑设计与规划无论从单体到建筑群，着重在形象塑造和文化元素的提升上下工夫，充分发扬草原各民族不同时期文化精髓、吸取不同地域的草原文化和民族文化优点，建筑从设计到施工建设，从外表到内部结构和功能赋予丰富的草原特色、民族特色和地区特色的文化内涵，既满足现代化、功能化的需要，又体现文化底蕴，坚持低层、低建筑密度、低容积率和高绿地率"三低一高"的建设理念，在各建筑群落间布局各具风格和地域特色的标志性原生态草甸群，打造独具特色、体现草原风貌和民族文化的建筑风格，促进内蒙古特色建筑文化的发展。

四、推进建筑与城市的交融

内蒙古城镇化推进过程中，要注重规模与功能的定位，优化城市群的布局与分工，形成大型的积聚型中心城市、中等的功能型延伸城市和小型的特色型宜居城镇功能格局，打造大都市、卫星城市和特色城镇，依据各城市的定位和特有的风格和特质，地形、地貌、气候等自然地理特征，合理确定城市的国民经济建设规划和文化特征。

以增强城市功能的人性化、城市生活的文明化为指引，塑造一批具有特色的纪念性、公共性的代表性建筑物，建设一批展示城市魅力的标志性建筑，适宜当时当地的社会文化，提升城市形象和品位，从而达到提升城市文化，提高经济社会竞争力的目的。开展"文化塑魂"工程，从城镇整体和谐角度对建筑造型、建筑色彩、建筑符号进行仔细推敲，把文化贯穿于规划建设的始终，以城镇承载文化、以文化丰富城镇内涵，使城市的建设体现时代特色和民族文化，城市环境得到改善，城市功能得到增强。

第八节　完善建筑业服务体系，提高建筑业竞争能力

围绕提高投资效益和规避投资风险，调整优化产业结构，加快发展工程勘察设计、工程咨询、工程监理、工程造价咨询和工程招标代理等支柱行业，积极培育和发展大企业、大集团，增强行业核心竞争力，形成适应科学发展要求的建筑工程咨询服务体系。

一、加快建筑工程咨询重点行业发展

围绕培育和壮大建筑工程咨询业，以优势地区和优势企业为基础，加快发展工程勘察设计、工程咨询、工程监理和工程造价咨询等具备一定发展规模和竞争实力的行业。

工程勘察设计。建立健全建设工程施工图设计文件审查合格标识制度和施工图审查情况信息上报制度，加强勘察设计质量动态监管。强化设计与施工环节的互相渗透，提高工程建设投资效益和技术水平；鼓励大型工程设计企业特别是兼具设计施工能力的专业承包企业发展，促进设计与施工技术的结合与发展。

工程咨询。进一步拓宽建筑工程咨询企业业务范围和服务对象，积极发展一业为主、多种经营的综合实力强的工程咨询企业。积极延伸工程咨询的业务链，向全过程服务延伸。着力加强咨询服务的深度。综合运用工程技术、法律、经济和管理等方面的知识，加强市场调查、工艺水平、经济评价、风险分析等对于科学决策至关重要的内容的深度分析。

工程监理。推动工程监理企业向项目管理公司转变。引导和鼓励具备一定实力的工程监理企业在政策允许范围内，根据自身实际情况，拓展服务领

域，逐步发展成为全过程、全方位的项目管理咨询服务的项目管理公司。

工程造价咨询。遵循全国统一建筑工程预算工程量计算规则，坚持"企业自主定价，市场形成价格，政府间接调控，社会全面监督"的原则，逐步形成"市场形成价格、政府宏观调控"的价格运行机制。

工程招标代理。进一步增强招标代理机构从业人员依法代理的意识，搭建招投标代理市场信用平台，强化建设工程招投标各环节监管工作，建立全程式电子网络公开办事制度，开展无标底招标试点工作，杜绝暗箱操作，实现招标过程公开化、程序化、科学化。

二、大力发展大型建筑工程咨询企业和专业化企业

围绕建筑业振兴，坚持市场化原则，进一步提高工程咨询企业整体资质等级，加快建筑工程咨询资源整合，培育龙头企业，发展专业化企业，提升企业市场竞争力和抗风险能力。

提高企业资质等级。从现有甲级资质工程咨询企业数量偏少的现状出发，结合未来一段时期建筑业振兴的要求，科学、合理确定内蒙古工程咨询企业资质目标，积极推进乙级资质工程咨询企业申报甲级资质、具备单项甲级资质的工程咨询企业申报国家综合甲级资质的工作，争取取得申报工程咨询甲级综合资质，逐步提高整体咨询企业资质等级。

促进企业间联合。鼓励勘察设计、咨询、监理、造价和招标等建筑工程咨询企业，通过股份制组建工程咨询企业集团，实现优势互补，规模经营，增强市场竞争力；通过参股、控股等方式将集团公司与一批企业紧密联合起来，提高集团的抗风险能力和核心竞争力。

推动企业专业化发展。引导和鼓励一些资质等级低、业务范围相对较窄的中小建筑工程咨询企业，强化市场定位，走细分工程咨询市场、发展特色服务的专业化方向的道路。

三、提高建筑工程咨询业整体竞争力

以提高服务质量为重点，强化人才队伍建设，提高信息化管理水平，着力培育和增强企业核心竞争力，进一步拓展生存和发展空间。加强 FIDIC（菲迪克）条款的学习和宣传，提高建筑工程咨询业的整体水平。建立健全建筑工程咨询质量监管体系，实行质量、安全责任制，严格执行有关法律法规和技术标准规范。坚持"科学、公正、客观"的原则，实施"以质取胜"的发展战略，增强以质量为核心的服务意识和职业道德，通过采取制定明确、合

理的质量评估标准、形成专有的评估方法、完善信息反馈体系以及定期修改、完善质量评估体系等措施，建立科学、完整的质量管理体系，全面提高工程咨询质量和服务水平。

第九节　加大监管力度，规范建筑市场秩序

强化建筑市场准入清出管理，完善市场监管体系，加强建筑质量和安全管理，维护市场的公平性和透明度，营造一个有利于公平竞争和有效率的市场环境。

一、完善建筑市场监管体系

认真贯彻落实国家和内蒙古自治区相关法律法规，严格执行工程建设强制性标准，完善行政执法、行业自律、舆论监督、群众参与相结合的市场监管体系。严格履行工程建设法定程序，强化建筑市场准入清出管理，严格实施招标投标、施工图设计审查、施工许可、质量和安全监督、竣工验收备案等制度。继续深入整顿规范建筑市场秩序，重点约束业主的违法违规行为，严厉查处违规承包、违规发包、倒手转包、商业贿赂、恶意拖欠、偷工减料、鉴证失信等行为。加强有形市场建设，规范招标、评标行为。打破地方保护、部门分割，构建统一开放、竞争有序的建筑市场体系。

二、加强建筑工程质量管理

落实工程质量责任制，指导督促企业完善工程质量的自我约束机制和内部控制体系，改进和加强工程监理。定期开展工程质量大检查和巡查，对工程质量和通病进行专项治理，在施工图审查、工程监理、质量检测和监督、群众投诉和举报、事故处理等重要环节上下工夫，坚决遏制重大质量、安全事故的发生。对于存在违法违规行为或造成重大质量、安全事故的，一定要依法处理，决不能姑息迁就。重点抓好各类基础设施、公共工程和住宅工程质量，鼓励企业多创精品优质工程。推行工程质量保险工作试点，引入工程质量保险制度，增强质量事故赔付能力，有效防范和化解工程风险。

三、强化建筑安全生产管理

严格落实建筑安全生产责任制，实行安全生产许可制度，全面推行安全

生产标准，制定处置建筑施工安全生产事故应急预案，严防重特大伤亡事故的发生。在工程造价中计提安全施工设施费用，健全企业安全生产保证和考核体系。切实加强建筑业从业人员的安全培训，实行持证上岗制度，认真核发建筑业企业负责人、项目负责人和专职安全生产管理人员安全生产考核合格证。改进对建筑安全生产的监管方式，建立健全安全防护用具及起重机械设备安全使用检验检测体系，加强安全生产的监督和检查，对发生安全生产事故的责任单位和有关人员，坚决严格执法查处。

四、整顿规范装修装饰市场秩序

加强装修装饰市场监管，实行装饰产品市场准入和室内环境监测验收制度，推行装饰工程竣工验收备案制度。依法查处装修过程中的破坏结构安全和使用有毒有害装饰材料的行为，保证居住和使用安全。规范家庭装饰市场秩序，培育发展家庭装修有形市场和装饰产品超市，推行家庭装修"一条龙"服务。严格家庭装修企业管理，对无资质承揽家庭装修工程的企业，依法坚决予以取缔。

五、建立健全建筑行业信用体系

建立建筑行业各类企业、从业人员和工程项目三大基础数据库，实现互联互通、资源共享。加强与财政、金融、税务、保险、工伤等部门的信息链接，及时采集建筑市场各方主体的信用信息，完善信用评价和信用信息发布办法。加快建立有效的失信奖惩机制，使守信者得到奖励，失信者受到惩罚。积极开展建筑领域反商业贿赂专项治理，营造公平竞争的市场环境。建立推广建筑市场各方主体信用担保制度，特别是业主支付担保制度和建筑设计制度。

第十节　保障措施

一、加强组织领导

尽快成立由主管建筑业的副主席担任组长，建设、发改、国土、财政、税务、金融、劳动保障等部门组成的建筑业振兴领导小组，负责组织协调和指导建筑业振兴的总体工作，编制建筑业、房地产业、建材使用、建筑节能等发展规划，制定促进建筑业振兴的各项政策措施。领导小组成员部门各司其职，密切配合，形成工作合力。建立定期联席会议制度，及时协调解决建筑业振兴过程中出现的重大问题。各盟市也要成立相应的组织机构，将建筑业振兴纳入国民经济和社会发展规划、年度计划。建立健全建筑业发展考核机制，将其纳入各级政府领导年终成绩考核体系中。建设部门要全面贯彻《行政许可法》，深化审批制度改革，进一步推进政府职能转变。加强建筑业行业协会建设，充分发挥行业协会在服务会员单位、反映会员诉求、规范行业行为、促进行业振兴发展中的积极作用。

二、建立健全政策法规体系

在认真贯彻落实国家和内蒙古自治区促进建筑业发展各项政策措施的同时，从我区实际出发，围绕适应社会主义市场经济发展和加快建筑业振兴的需要，加快编制建筑业振兴专项规划，制定和完善地方性政策法规，为建筑业振兴提供更为有利的政策法规保障。按照统一规划、分步实施、急用先立的原则，相关主管部门要在工程项目总承包、节能减排、规范业主行为、健全招投标制度、质量安全管理、工程造价管理、工程担保保险、建材使用管理等方面修改或制定一系列政策措施，建立健全覆盖建设系统各行业的政策法规体系。

三、加大资金支持力度

加强政府投资引导，地方预算内基本建设资金投入力度要逐年增加，采取贴息、补助等多种方式，引导和积聚社会资金和资源向建筑业流动。发挥政策性银行导向作用，金融信贷资金适度向建筑业尤其是中小企业方向倾斜，在资金融通方面对中小企业不得歧视。完善企业融资担保体系，成立地方建筑业企业信用担保资金，为建筑业企业申请银行贷款进行担保；建设部门要与金融机构建立联席会议制度，对诚实守信、经济效益好、还贷能力强的建筑业企业，积极帮助企业解决信贷授信额度和承接工程提供保函等问题。自治区企业信用担保基金要为建筑业企业申请贷款、参加投标提供担保服务，支持自治区内建筑业企业承包区内外重大工程项目。鼓励建筑业企业以参股、收购、项目投资、联营等多种方式融资，支持有条件的企业增资扩股和争取上市融资。

四、加大税费支持力度

税务部门要研究实施有利于建筑业企业开拓市场的税收征管措施，切实解决目前一些地方存在的不利于建筑企业特别是中小企业发展的相关税收规定和管理中存在的问题。继续实施劳务分包企业免征企业所得税政策。加快配套改革，清理对农民工从事建筑业的不合理收费。切实加强建筑业收费管理，规范各类收费行为，禁止向建筑业企业乱收费、乱罚款、乱集资、乱摊派。涉及建筑业的行政事业收费，必须按照国家和自治区的收费项目和收费标准执行。取消建筑管理费，改革建筑工程劳保统筹管理，适当调整建筑施工安全监督管理费标准，禁止向建筑企业收取无法律法规依据的各种保证金。

第三章　建筑业发展的实践与前景

内蒙古建筑业的发展总体经历了从无到有、从小到大的发展历程。特别是在改革开放以来，内蒙古的建筑业也取得了良好的成就，建筑业保持了持续快速增长的态势，规模和效益不断提高。"十五"以来，内蒙古建筑企业紧紧抓住经济快速发展的契机，积极开拓区内外市场，不断扩大生产规模，生产经营保持了快速增长的态势，劳动生产率、利税总额大幅度提高，技术装备和创新能力进一步增强，资质以上建筑企业构成了内蒙古建筑业的主体，企业整体实力显著提高，为内蒙古经济的快速发展做出了重要贡献。

第一节　国内外建筑业在国民经济产业划分中的演变

一、在联合国《全部经济活动的国际标准产业分类》中建筑业的一般历程

联合国的国民经济行业划分是根据产品的同质性原则进行的部门分类。联合国 1989 年颁布的《全部经济活动的国际标准产业分类》（ISIC，Rev.3）把全部经济活动分为 17 大类，建筑业是其中的第 6 大类，从具体内容来看，这里的"建筑"所涉及的只是建筑施工的内容，因而是狭义的。

联合国中心产品分类法中的建筑与建筑服务。联合国 1997 年颁布的《中心产品分类》（CPC，Version 1.0）把产品分为 10 大类；这里的"产品"包括各种服务在内。建筑与建筑服务被列在第 5 大类。此外，在其他大类中也包含了许多与建筑业有关的产品和服务（在表中均用黑体字表示）。显然，与建筑业有关的产品和服务的覆盖范围十分广泛，大大超出国际标准产业分类（ISIC）中"狭义建筑业"所涉及的内容。"广义建筑业"就是涵盖了所有与建筑产品及服务有关内容的建筑业。

二、在我国国民经济核算体系中的建筑业一般历程

从第二次世界大战以后，国际上存在两大国民经济核算体系：一个是以苏联为首的原经互会成员国采用的物质产品平衡表体系（MPS）；另一个是以欧美等国家为代表的市场经济国家所采用的国民账户体系（SNA）。我国国民经济核算体系经历了三个阶段：第一阶段为 1952～1984 年，采用 MPS 体系；第二阶段为 1985～1992 年，是 MPS 与 SNA 两种核算体系并存；第三阶段为 1993 年至今，取消 MPS，采用 SNA。

MPS 的核算范围是物质产品的生产活动，在联合国 1984 年颁布的物质产品平衡表体系（MPS）中，物质生产领域包括 8 个国民经济部门：①工业；②建筑业；③农业；④林业；⑤运输业；⑥邮电业；⑦商业、物资供应和采购；⑧其他物质生产部门。建筑业是其中的第二个部门。该体系把服务活动排除在生产领域以外，影响了对国民经济总量核算的完整性。新中国成立以后，在 MPS（物质产品平衡表体系）的国民经济核算体系中，长期将建筑业与工业、农业、运输邮电业、商业饮食业合称为五大物质生产部门。

欧美等市场经济国家的 SNA 体系，把国民经济各部门的经济活动全部纳入核算范围，使社会生产、分配、使用各环节紧密衔接，从而形成全面、完整、系统的国民经济核算体系。西方发达国家相当长的历史时期中，建筑业曾与钢铁、汽车工业等并列为重要支柱产业。我国建国时实行 MPR 体系，随着我国经济对外开放的不断深入，国际交往日益扩大，需要大力开展国际经济的比较研究，因此，也需要建立一个可以与国际规范对比的国民经济核算体系。为此，国家统计局从我国实际出发，借鉴 SNA 的方法和形式，在原有 MPS 核算体系基础上，设计出有中国特色的 MPS 与 SNA 两种核算体系并存的国民经济核算体系。1993 年新的国民经济核算体系基本形成，新的国民经济核算体系采用了 SNA 的基本核算原则和核算方法。但是，考虑到要保持我国国民核算资料的连续性和同实行 MPS 体系国家国民经济核算资料的国际可比性，也考虑到宏观经济分析和管理部门的应用习惯，它保留了传统体系的某些核算内容和方法。我国在后来实施的 SNA 国民经济核算体系中，将建筑业与工业并列，共同构成第二产业。

2002 年颁布的《国民经济行业分类》国家标准（GB/T4754—2002）按照国际通行的经济活动同质性原则，对 1994 年标准中与该原则不相符的内容进行了调整。经过调整与修改后的新标准共有 20 个行业门类，95 个行业大类，396 个行业中类和 913 个行业小类。增减相抵后，比 1994 年的标准新增

加了 4 个门类、3 个大类、28 个中类、67 个小类，基本上能够反映我国目前的行业结构状况，并且实现了与国际标准的兼容，新标准的每一个行业小类全部与国际标准产业分类（ISIC，Rev.3）的最细一层分类建立了对应关系，通过软件可使我国的新标准直接转换到国际标准。

国家统计局于 2003 年 5 月颁布了新制定的《三次产业划分规定》，并将从当年的统计年报开始按新的划分方法进行有关统计。此次划分规定是在《国民经济行业分类》国家标准（GB/T4754—2002）的基础上制定的，经过调整后，共有行业门类 20 个，行业大类 98 个。该标准把建筑业划为第二产业，建筑业的范围比 1994 年的标准还要窄，显然是"狭义建筑业"。该标准把工程管理服务、工程勘察设计、规划管理等相关服务列在"科学研究、技术服务和地质勘察业"门类的"专门技术服务业"大类中。这样划分的目的是为了进行统计，而不是为了行业管理。

三、以英国为例看国际上建筑业概念的新变化

英国是最早形成现代建筑业的国家，建筑业概念在英国的演变历程很具有代表性。在英国，建筑业传统的定义是"建成环境的生产、运营、维护、更新和处置"这样一个"从摇篮到坟墓"的过程。随着社会、经济条件的变化，建筑业所涉及的对象与内容在变化，人们对建筑业的认识也在发生变化。有人提出，建筑业的任务是"创造建成环境，增进绩效和福利，给社会带来增值"。在英国，人们正在就是否存在建筑业这样一个实体的问题展开争论。有人甚至认为，建筑业已裂变为若干个不同的行业，因而不复存在。

这些行业包括：建筑材料、建筑构件的制造与供应；大中型建筑的设计与施工；大型基础设施与土木工程的设计与施工；小型建筑的设计与施工；大中型建筑的运行与维护；小型建筑的运行与维护；房地产的买卖与评估。

对建筑业认识的变化导致了政府管理职能的转变。1995 年以前，英国政府的建设主管部门是环境部（DE），1995 年环境部更名为环境、交通与区域部（DETR）。2001 年，政府对建筑业管理的主要职能由 DETR 转移到贸易与工业部（DTI）。这样做主要是基于以下考虑：一是英国政府越来越感到，应该用与管理其他行业相类似的办法来管理建筑业。二是社会公众越来越感到，为了减少政府部门之间的矛盾与冲突，应该由一个政府部门而不是由多个政府部门来管理和协调建筑业和建成环境两方面问题。最近，有关建成环境、城市改造、住房与规划等方面的管理职能又从 DETR 转移到副首相办公室（ODPM）。

第二节　国内外建筑业发展实践及其启示

一、改革开放以来我国建筑业的发展历程

改革开放前，我国在思想观念上、政策上都没有把建筑业作为国民经济的独立物质生产部门来对待，而把建筑业看作是固定资产投资的消费部门，认为建筑业是消费行为，不创造新价值。因此改革开放前，我国对建筑产品长期实行微利或无利政策，严重影响了建筑业的发展。1980 年 4 月，邓小平同志明确指出把建筑业视为基本建设投资的消费部门的观点是错误的，这为我国建筑业的发展指明了道路。伴随着改革开放的经济浪潮，我国建筑业取得了令人瞩目的成就，支柱产业地位日益显现，一大批能源、电力、交通等基础设施项目建成，国内外两个市场开拓发展迅速，城镇化建设步伐加快。从我国建筑业的改革发展历程看可以划分为三个阶段。

（一）解放思想，改革探索阶段（1978～1991 年）

这一时期，建筑业改革经历了放权让利、价格改革、承包和转换经营机制三个阶段：一是建筑企业改固定资产无偿调拨为有偿调拨，确立企业的独立利益。国务院下发《关于扩大国营企业经营管理自主权的若干规定》等 5 个扩权文件，下放建筑企业自主权。1980 年政府调整了企业利润留成方法，使建筑企业获得更多的留利，刺激了企业的生产积极性。1980 年出台允许价格浮动和禁止封锁建筑市场的政策。1981 年建筑企业开始试行合同工、临时工制度。之后，颁布《经济合同法》使建筑企业的交易行为纳入法制化轨道。二是建筑市场价格体制改革采取了局部推进和渐进的方式，避免了价格改革对经济发展的冲击。但是也造成了价格的"双轨制"，带来了一定的消极影响。三是引入项目法施工原理转换企业经营机制。1986 年建筑企业推行经营机制转换为主的深化改革，在租赁制、资产经营责任制、承包制、股份制等多种经营形式中，承包制得到了普遍推广。建筑企业推行"管理层与劳务层"分离的"项目法施工"原理，项目管理的活力和积极性得到较好发挥，项目层面的管理水平普遍提高。

（二）建筑业市场化改革创新阶段（1992～2000 年）

党的十四大确立"把社会主义基本制度与市场经济结合起来，建立社会

主义市场经济体制是经济体制改革的目标"，标志着国家确立了包括私营企业在内的各种非公有制经济的合法地位，是建筑业真正意义上走向市场化改革的转折点。

建筑业实施国有企业战略调整。按照"有所为、有所不为"的思路，一是把没有必要保留的国有企业，进行非国有化改革；二是对仍然保持国有性质的国有企业进行公司制改造。在国有企业推进改革的同时，非公有制经济发展速度加快，建筑业的企业所有制结构发生了重大变化，国有建筑企业比重下降，非国有建筑企业比重上升。

建筑业政府管理职能不断变革。1998 年实施《建筑法》为维护建筑市场秩序、加强建筑活动监管、促进建筑业健康发展提供了法律保护。1999 年颁布《招标投标法》和《合同法》标志着建筑业的市场化改革已取得初步成效，建筑业从政府行为规范化、经济主体自由化、生产要素市场化、竞争环境公平化四个方面进行了比较科学的、系统的改革。社会主义市场经济框架在建筑业已初步建立。

推行现代企业制度改革，建筑业非公有制企业发展迅速，城镇集体企业、民营企业尤其是外商投资企业发展迅速。建筑业的产品和各个服务环节的价格由"双轨制"逐步转变为由市场确定价格，基本实现了市场化。

（三）融入国际市场，推进机制创新（2001～2008 年）

2001 年 11 月，中国加入世界贸易组织，推进了建筑业对外开放和经济市场化进程。国内建筑市场对外开放，国际大承包商登陆中国，使我国建筑市场竞争更加激烈。到 2006 年底，我国关于加入 WTO 的所有承诺全部兑现，外国企业已在建筑业注册独资企业过百家。党的十六大提出了实现全面建设小康社会的具体要求，如工业化、城镇化、国际化等目标为建筑业可持续发展提供了更加广阔的发展空间。

建筑业总承包管理水平提高，国际市场竞争力增强。进入 21 世纪，建设部强力推广工程总承包模式，BOT、BT 等特许经营模式，使大型企业的工程总承包管理水平快速提高，为建筑业大企业进一步开拓国际市场，占领国际承包高端市场注入活力。建筑业大、中、小企业分层竞争态势基本形成，工程总承包、专业承包、劳务分包的三层次企业结构基本形成。

市场管理体系逐步完善。2005 年建设部等六部委联合下发《关于加快建筑业改革与发展的若干意见》，提出 8 个方面的改革措施：加快产权制度改革，实现机制体制创新；优化产业结构，适应 WTO 开放市场的发展需求；发展优势产业参与国际竞争；加快技术进步，转变增长方式；发展劳务分包企业；建立市场形成造价机制；改革政府投资工程管理方式；创新政府监管机制，维护良好市场环境。建筑业和国家有关部委在施工设计招标、造价咨询、建筑市场稽查、工程施工许可、工程款拖欠管理、规范招标活动等方面下发了一系列管理法规。建筑业政府管理从产业干预向创造市场环境转变，从全面管理向公共治理转变，从直接管理企业向宏观指导企业转变，从经济增长向可持续增长转变，形成了比较完善的建筑业管理法规体系。

加入 WTO 我国建筑市场全面开放。建筑市场竞争日益激烈。实施"走出去"战略，我国建筑企业国际市场开拓能力增强。施工技术水平明显提高，一大批工程科技水平已达到或处于国际领先地位。工程建造方式进行转变，大型建筑企业以工程总承包方式为主向国际高端市场迈进。建筑业规模空前发展，资源、环境的制约日益显现。走新型工业化道路，全面协调、可持续发展成为建筑业发展主导模式。

二、我国建筑业改革发展成就与问题

（一）我国建筑业改革发展成就

建筑业拉动经济社会发展显著。建筑业总产值自 1980 年 347 亿元增至 2007 年 5 万亿元，累计完成 37 万亿元，占全国固定资产投资的 47.8%。带动就业及相关产业发展明显，占全国就业人数的 5.2%。农民工在建筑业从业人员中占 82%。带动建材工业发展和第三产业发展，支柱产业地位增强。国有建筑企业战略调整效果明显。国有建筑企业带动力和整体竞争实力明显增强，以占建筑企业不到 8% 的比例，创造建筑业 30% 的产值。非公有制经济投资占全社会投资比重已达 68% 以上，非国有经济产值比重已达 70%。

建筑产业结构调整。组织结构调整中，建立了总承包、专业分包和劳务分包三个层次的组织框架。产权结构在改革开放之初是国有和集体为主体的一统天下，1992 年以后民营股份制发展迅速，2007 年已占全国企业总数的 79.4% 以上，浙江、山东、湖北、湖南、云南等地已超过 90%。少数特级企业的经营领域延伸到产业链上端的咨询、设计和资本运营（如 BOT 方式）。上市企业由第一家上海隧道首创至 2007 年已有 35 家。

建筑业国内市场对外统一开放，市场竞争力得到提高。深基础、超高层建筑、大跨度桥梁建设，青藏铁路、葛洲坝水电站、南水北调工程、奥运会场馆等工程的建设是建筑业技术进步的重要标志。建筑业国际化和海外市场竞争力增强，实施"走出去"战略成就显著。改革开放初期的十年（1980 ~ 1989 年）总计对外承包工程经营额仅为 64.54 亿美元，而 2007 年经营额就达到 406 亿美元。并多以大项目总承包和 BOT 方式承包，经营领域已由房屋和交通项目延伸到石油、化工、电力、通信、冶金、航空、航天领域，有 49 家企业进入了全球 225 家最大承包商行列。

基础设施建设加快。1978～2007 年，全国基础设施累计投资达到 29.8 万亿元，年均增长 19.9%。建造了房屋建筑面积 180 亿平方米，水库 85412 座，比 1990 年增加了 2025 座。公路通车里程由 1978 年的 89 万公里，增加到 2007 年的 358 万公里。高速公路里程数世界第二。铁路运营里程由 1978 年的 5.2 万公里增加到 2007 年的 7.8 万公里，电力发电装机容量 7.18 亿千瓦，建成了上海磁悬浮、京津高速铁路、京沪高速铁路和贯通青藏高原的青藏铁路。我国桥梁的最大跨度已达 1490 米，已建的梁桥、拱桥、斜拉桥的最大跨度均居世界统计桥梁之首。

（二）存在的问题

当前我国建筑业的改革发展仍然面临一些问题。一是从规模上我国属于建筑大国，但还不是建筑强国，2007 年建筑业占 GDP7%，而日本、韩国、新加坡都在 7.4% 以上。我国进入国际承包的 225 家大型承包企业，国际产值比重不高，一般在 10% 左右，最高的不到 23%，我国建筑业在国际市场的整体占有率不到 6%。二是建筑业产业链的收益差距较大，尤其是房地产业过热，存在高利或暴利，一直是国家宏观调控的主要领域，未来房地产市场仍然有过热或泡沫经济的可能。施工行业几年来一直处于微利状态，一大批施工企业正在实施战略转型，施工行业的可持续发展令人担忧或难以为继。三是建筑市场不公平竞争行为依然存在，是未来建筑业可持续发展的主要隐患之一。四是行业管理对市场主体非公有制经济的监管方式有待改进。五是建筑业国有企业仍然处于垄断地位，不利于社会主义市场经济在建筑业的完善和发展。从总承包商的结构看，国有建筑企业无论在数量还是市场份额上都占有优势，尤其在道路桥梁、机场码头等技术含量较高的工程上占绝对优势；民营建筑企业的发展势头虽然迅猛，但从发展趋势看，国有建筑企业施工规模及技术化机械化程度不断提高，地位不断巩固，总体实力不断加强。从总的格局来看，国内建筑市场呈金字塔形。其中，知名跨地区全国性的国有大型或上市建筑承包企业始终居于金字塔的上端部位，民营及个体建筑企业总体上仍处于金字塔的下端，粗略估计，国内建筑市场居于金字塔上端的 30% 的企业，掌握着近 70% 的市场和收益，而居于金字塔中部和底部的 70% 的企业，仅掌握 30% 的市场和收益。近年来，国内建筑市场的竞争结构正在逐步发生变化。为了提高竞争能力，国有大型建筑企业正在通过各种资源的整合和优化，不断地扩大自己的业务面及利润空间，这种发展趋势对国有国营中小型建筑企业，正在提出新的挑战。

三、国外建筑业发展动态

（一）从系统承包商到全方位的价值链创新

在过去几十年里，国际建筑市场最流行的竞争格式是以各种"交钥匙"工程为代表的系统承包商模式。这种经营方式将企业的利润源泉从简单的工程承包环节扩展到从设计、施工，到工程的总体设置的全部过程，使快速建立这种能力的企业获得了竞争的有利地位。经过几十年的竞争磨炼，随着越来越多的企业开始形成国际市场上的总承包能力，建立在以总承包能力为核心的竞争力基础开始动摇，全方位价值链创新取而代之，正成为新形势下竞争力的核心基础。全方位的价值链创新模式的实质是将企业放置于一个远超出竞争对手范围的大环境，将企业的客户、供应商、金融机构，以至于客户的客户都纳入企业的一个框架，通过企业自身价值链与这些密切关联的外部群体的价值链更有效的耦合，创造新的价值。国际工程承包中广泛流行的BOT模式，就是这种价值链创新的一个重要成果。

（二）从单独的技术创新到全球技术资源的共享

为了降低风险，削减研发成本，同时保持在技术方面的领先地位，越来越多的建筑企业在技术研发领域上开始走向合作，并逐步形成了全球技术资源共享的新局面。一方面，一些建筑企业为了降低研发成本，让其他企业共同分担研发成本，正逐步将自身的技术研发机构从母体脱离出来，同时引进新的投资者；另一方面，这些机构为了提高研发成果的效益，也开始向更多的企业提供服务。一定程度上，这种现象是国际建筑业内部分工进一步深化的必然结果。

（三）信息技术与现代管理的融合

近十年来，信息技术与现代管理手段的快速发展以及两方面力量的互相促进和融合，促使国际建筑业的管理方式发生了重要变化。现代信息技术的广泛应用，使企业管理过程中的信息流能够以更快捷和更低成本的方式进行传递，极大地减少了管理成本，同时提高了管理效率，在此推动下，企业的组织结构开始出现扁平化的趋势，管理跨度不断增加。这一方面缩短了企业的管理流程以及企业与市场之间的距离，另一方面也为企业在全球范围快速扩展创造了良好的条件。国际工程承包中，大型跨国建筑企业运用信息技术和现代管理手段，能够以比传统管理手段更高的效率和更低的成本实现全球资源的配置，从而增强在国际市场的竞争力。从行业层面看，则促进了全球建筑市场一体化程度的提高。当然，这种作用过程不是单向的，随着建筑业国际化程度的不断提高，日益激烈的国际竞争也对企业的管理提出更高的要求，从而推动企业不断引进和吸收新的管理技术，最终促使信息技术和现代管理手段成为建筑企业竞争力的一个重要方面。

（四）总承包商占据国际建筑市场的地位不断增强

国际工程承包市场是不完全竞争的市场，少数大公司在国际工程承包市场上的优势明显，资金实力、技术和管理水平远远高于发展中国家的企业，在技术资本密集型项目上形成垄断。随着建筑技术的提高和项目管理的日益完善，国际建筑工程的发包方越来越注重承包商提供更广泛的服务能力和实力，以往对工程某个环节的单一承包方式被越来越多的综合承包所取代，管理—采购—施工（EPC）合同成为时尚。与世界经济全球化相联系，国际工程承包发展的另一个趋势是投资作用的加强。工程承包项目包括了勘测、设计、投标、施工等多个环节，从签订合约到最后交付使用，历时数年，其间风险因素较多。需要特别指出的是，工程项目资金投入和占用数额巨大，回报要在工程完工后才能实现，因而一旦遭遇不测事件，公司的损失巨大。因此，工程项目的风险管理日益成为关注的课题，尤其是对于国际工程承包项目，风险管理的水平逐渐成为企业竞争力的重要指标。

四、国内外建筑业发展借鉴和启示

通过以上对国内外建筑业的发展历程、现状和经验的考察，可以获得许多对政府或行业管理部门，以及建筑业企业有益的借鉴和启示。建筑业企业作为建筑业发展最重要、最基本的主体，最终决定了建筑业发展、成熟以及现代化的进程。因此，从国内外的建筑企业中吸取它们的经验教训，从中得到一些促进自身发展的借鉴和启示，就显得尤为重要。

国外建筑业良好的产业结构，可以给内蒙古不同层次的建筑业企业以相应的借鉴和启示：大型建筑企业要提高市场占有率，使自身在建筑行业中始终处于支配地位，领导整个行业向前发展，就需要逐步向大型项目管理公司和工程公司过渡；中小型建筑企业应有合理的定位，不能一味求大求强，使整个行业陷入过度无序的竞争，应该寻找自身发展的合理空间，向咨询公司、技术公司、劳务公司等专业化的公司发展，形成企业自己的特色。

内蒙古建筑企业应该学习国外大型建筑企业，树立国际竞争意识，实施"走出去"战略；与国内的金融企业联合，加强自身的资本运作能力；开拓经营领域，实现经营的多元化，连通建筑主业的上游和下游，把技术开发、多元服务和融资等有机地结合为一体。

为应对建筑业的市场竞争和挑战，内蒙古建筑企业可以参考国际建筑业的发展趋势，做好相应的准备工作。逐步尝试与国内的高等院校或科研机构联合建立企业的集工程技术、信息技术工程应用和现代管理三方面融合交叉的研究中心，进行技术和管理创新；通过相关大型企业研究中心之间的资源共享，建立联盟化产业研究中心和分工明确、组合合理的产业发展联盟；并以此为基础增强实力，联合参与国内外总承包工程的竞争。

内蒙古建筑业从业人员素质明显低于国内外同比水平，高级技术和管理人员极度缺乏，凡此种种，造成技术应用不足、管理落后、生产效益低下。因此，内蒙古建筑企业应加大从业人员培训和教育的投入，使其适应现代化的生产模式，提高生产效益。

第三节　内蒙古建筑业发展与改革的实践和特点

一、总量规模不断扩大，生产效率稳步提高

统计显示，2007 年底，内蒙古已经有 734 家建筑企业；从业人员 38.62万，规模庞大。2007 年，内蒙古建筑业增加值达到 181 亿元，是 2000 年的 42亿元的 4.31 倍，年均增长 23.2%；房屋建筑施工面积、竣工面积分别为5197.52 和 3185.72 万平方米，比 2000 年的 1816.9、1130 万平方米分别增长186% 和 181.9%，年均增长达到了 16.2%、16%。2007 年，建筑企业资产总计为 495.63 亿元，是 2000 年的 156.5 亿元的 3.17 倍；利润总额 35.32 亿元，增长 2.52 倍。2007 年内蒙古建筑企业按总产值计算的劳动生产率为99341 元/人，是 2000 年的 39319 元/人的 2.53 倍；按增加值计算的劳动生产率为26424 元/人，是 2000 年的 11910 元/人的 2.22 倍。

二、结构调整取得重要进展，产业集中度不断提高

2007 年，内蒙古 99% 的建筑业企业完成了由国有和集体企业向股份制和民营性企业的改制和过渡，走在了全国前列。2007 年，内蒙古建筑企业中其他经济类型企业 734 家，占企业总数的 96%，创造总产值达到 601.93 亿元，占内蒙

古建筑业总产值的 88.4%。私营企业增加值 66.2 亿元，比 2000 年的 6.82 亿元增长 9.7 倍。2000～2007 年以来，企业数量减少 25.4%，产业集中度有所提高，初步形成了总承包、专业承包、劳务分包三个层次的产业组织结构。大型骨干企业在行业产业规模中的比重有所上升，优势地位较为突出。私营企业和有限责任公司成为内蒙古总承包和专业承包建筑企业的主要形式。

三、建筑市场秩序日趋规范，工程质量和安全生产水平稳步提高

有形建筑市场基本形成了招投标人依法招投标、交易中心和中介机构提供服务、建设行政主管部门依法进行监督、纪检监察部门派员进场监察的招投标管理体制；工程造价管理形成了政府宏观调控、业主提供工程量清单、企业自主报价、市场竞争形成价格的管理体制。2001～2007 年，报建工程应招标工程招标率 100%，应公开招标项目公开招标率达到 98%，工程质量监督覆盖率和施工许可证发放率均达到 100%。安全文明施工意识普遍增强，年均安全事故死亡率控制在万分之零点五以内，低于建设部要求的万分之一的控制率。

四、建筑科技水平不断提高，建筑人才队伍不断发展壮大

一批企业通过了国际通行的 ISO9000 质量管理体系、ISO14000 环境管理体系、OHSAS18001 职业健康安全体系认证。建筑业 10 项新技术应用示范工程与招投标、资质年检挂钩。内蒙古累计创建新技术应用示范工程 200 余项。注册建筑师、注册结构工程师等建筑类专业技术人员与 2001 年相比都有较大幅度增长。"十五"期间，内蒙古建筑业科技进步和技术创新步伐明显加快，通过发挥建筑企业科技创新的积极性，扶持和推广新技术、新材料、新工艺、新设备的研发，使企业科技创新的能力不断提升，科技研发成果明显增多。到 2007 年末，内蒙古共拥有机械设备总台数为 13.74 万台，机械设备净值达 38 亿元，总功率达 223.17 万千瓦，分别比 2000 年增长了 65.3%、2.5 倍和 48%，技术装备率也由 2000 年的 5844 元/人上升到 9846 元/人，从而促进了建筑企业劳动生产率的提高。

五、经济效益显著提高，贡献份额不断增大

"十五"以来，内蒙古建筑企业紧紧抓住经济快速发展的契机，积极开拓区内外市场，不断扩大生产规模，生产经营保持快速增长的态势，劳动生产率、利税总额大幅度提高，技术装备和创新能力进一步增强，企业整体实力显著提高。"十一五"时期，我国进入了加快城市化进程的新阶段，为建筑业

发展提供了更为广阔的市场空间，内蒙古建筑业为内蒙古经济的快速发展做出了重大贡献。

内蒙古建筑业对自治区经济增长的重要贡献。随着内蒙古建筑业的快速发展，建筑业对社会的贡献也越来越大，在国民经济中的地位日显重要。"十五"期间，内蒙古建筑业产值年平均增长 22.4%，累计实现建筑业增加值976.77 亿元，年平均增长 25%，占内蒙古 GDP 的比重为 7.6%，五年来建筑业实现利税总额为 92.32 亿元，比"九五"期间增长 4.4 倍。建筑业作为国民经济中的重要产业，为社会创造了巨大的财富。

建筑业通过上下游产业，对相关产业发展起到明显的带动作用。建筑业在直接为国民经济各部门的生产和发展提供重要物质基础的同时，还对能源、冶金、建材、化工、机械等相关行业也起到了拉动和辐射的作用，带动了各个相关产业的快速发展。内蒙古先后建成了一大批重要的工业项目和重大的基础设施项目，修建了高速公路，电力新增近 1000 万千瓦装机容量，为内蒙古经济的快速发展做出了突出的贡献。建筑业对相关的上下游产业，包括相关的研发、咨询服务以及各类新型建材产业的发展，都起到了明显的拉动和辐射作用。

建筑业为缓解就业压力，吸收农村剩余劳动力，促进农村产业结构调整做出了贡献。2005 年内蒙古有资质建筑业企业从业人数达到 26.35 万人，农村牧区建筑业从业人员 32.21 万人，两者合计占全社会从业人员比重的5.6%，有效缓解了就业压力。目前，建筑业和建筑劳务输出已经成为内蒙古部分地区县域经济增长和农民增加收入的重要来源，为促进农村产业结构调整做出了重大贡献。

六、对外扩张能力增强，区外市场进一步扩大

2006 年内蒙古建筑业企业在区外完成产值达 19.44 亿元，比上年增长51.8%，其中，国有及国有控股建筑业企业在区外完成产值 17.03 亿元，比上年增长 83.1%，开拓了部分区外建筑市场。

第四节　内蒙古建筑业发展改革面临的突出问题

"十二五"时期，我国进入了加快城市化进程的新阶段，为建筑业发展提供了更为广阔的市场空间，同时内蒙古建筑业的发展也面临着建筑市场竞争

愈演愈烈的严峻挑战。随着竞争的加剧和完全的市场化，与经济发展有着高度相关关系的建筑业，面临更加严峻的挑战。要走出一条科技含量与信誉度高、经济效益好、人力资源得到充分利用、竞争力强、市场占有率高的道路，内蒙古建筑业应正视以下主要问题。

一、高增长、低效益困扰企业发展

"十五"以来，内蒙古建筑业增加值年均增长幅度保持在25%的高位运行，而企业的产值利润率水平提高缓慢。大多数施工企业拥有的仅仅是常规技术，主要从事房屋建筑施工，差别化竞争能力弱，自主创新能力不强，管理不到位，传统建筑业的科技含量和附加值低，形成了建筑业一种高投入、高消耗、高增长、低效益的粗放型经济增长方式。传统建筑业是资源消耗"大户"，是建立在粗放型发展基础上的经济增长，资源耗费的沉重代价削弱了企业的利润。2000年，内蒙古建筑业企业产值利润率为1%，到2005年5年时间，也仅增长了3.3个百分点，产值利润率提高到4.3%；同时，居高不下的应收工程款，对企业的资金运用形成极大的障碍，长期制约着企业的发展，到2005年，内蒙古建筑业企业应收工程款达到90亿元，使企业背负着巨大的资金压力，蚕食本该为企业所得的一些利益。

二、建筑业持续发展不确定性加大

2008年以来，世界经济金融形势复杂多变，不稳定、不确定因素明显增多。次贷危机引发的金融危机愈演愈烈，迅速从局部发展到全球，从发达国家传导到新兴市场国家和发展中国家，从金融领域扩散到实体经济领域，酿成了一场历史罕见、冲击力极强、波及范围很广的国际金融危机。在国际金融危机冲击下，我国实体经济增速下滑，使固定资产投资增长速度放慢。同时，党中央、国务院把解决好"三农"问题作为全党工作的重中之重，高度重视耕地保护特别是基本农田保护工作，建设、建筑用地的使用被法制化、规范化，除此之外，环境资源、资金等因素，都将对未来的投资规模和土建用地产生影响，这一影响又将直接制约着固定资产投资项目的建设承担者——建筑业的发展。

三、与全国及东部沿海地区的差距不断加大

从近几年建筑业发展情况来看，全国各地区的建筑业发展水平并不均衡，地区之间的差距明显加大。截至2005年底，内蒙古总承包建筑业企业547

个，居全国第 22 位；从业人员 23.56 万人，居全国第 25 位；利税总额 30.62 亿元，居全国第 18 位；按总产值计算的劳动生产率 83113 元/人，居全国第 29 位。而专业承包建筑业企业内蒙古仅为 111 家，居全国第 28 位；从业人员 2.74 万人，居全国第 24 位；利税总额 1.14 亿元，居全国第 26 位；按总产值 计算的劳动生产率 67262 元/人，居全国第 30 位。内蒙古建筑业企业因小企 业居多、具有竞争力的大企业偏少，缺乏竞争优势，以建筑劳务输出为主要 手段，在开放的市场上承揽标志性产品的难度较大，更难以跨省区参与竞标，市场份额逐渐缩小，因此发展势头远远滞后于东部沿海地区。近几年由于固 定资产投资主要投向交通、电力等基础设施以及重点工业的技术改造。2005 年内蒙古煤炭、电力、交通运输业投资三项合计占城乡 50 万元以上项目固定 资产投资 40%，投资额较大的电力、铁路、重点高速公路和高档次的住宅楼 项目大部分由区外企业承建，建筑业增加值中相当一部分的份额由区外企业 拿走，而内蒙古企业在区外完成的产值仅占 5.6%，同期江苏省、浙江省所占 比重分别达到 34% 和 34.6%，明显高于内蒙古。以房屋工程为主的企业资质 面较窄的矛盾比较突出，招标承揽较大建设项目工作量的空间非常有限。

四、拖欠工程款现象严重制约着建筑行业的健康发展

据内蒙古第一次经济普查统计，截至 2004 年内蒙古施工总承包和专业承 包企业应向发包单位收取而未收取的工程款累计达 89.91 亿元，占总产值的 比重为 25.4%，其中竣工工程应收款 62.5 亿元，占企业应收工程款的 70%。 从应收款的影响深度看，使流动资金周转非常困难，为了生存企业不得不采 取压价、让利方式竞标，垫资施工，成本加大影响企业效益、资本积累和发 展的能力，且此链条的负面效应在一定程度上引发出施工企业赊购供应商的 建筑材料，供应商同样拖欠本单位职工工资等诸多社会问题，成为影响社会 安定的潜在因素之一。

总之，目前内蒙古建筑企业自我创新能力、企业经济实力、项目管理水 平和综合经营能力与国内先进企业的差距比较明显，但也有相对优势的地方，如熟悉本地建筑市场、装备水平和施工质量相对比较高等。"十一五"期间，内蒙古还是投资的发展期，为建筑业提供了较大的空间：以环境综合治理为 重点的基础设施建设、社会公共事业方面政府的支持力度很大，会不同程度 地加大投入；在城乡居民收入和家庭财产增长的基础上，居民改善居住条件 的需求潜力巨大，加之农村牧区劳动力向城市转移的速度较快，也蕴涵着很 大的住房需求，使得房地产与城市建设投资的势头有增无减；以发展社会主

义新农村新牧区为方向，县域经济为核心的乡镇群的建设等将会开拓新的市场。所以内蒙古建筑市场还将有巨大的发展潜力，内蒙古建筑企业还要积极努力，抓住机遇，弥补差距，寻求快速发展的途径。

第五节　内蒙古建筑业发展的对策选择

内蒙古作为经济欠发达省区，在相当长一段时间内，经济发展的推动力仍然会以投资型作为主导力量，而基本建设投资的 70% 是由建筑业完成的，面对经济全球化，国内外建筑业市场竞争将愈来愈激烈，一批国内外优秀的勘察、设计、施工、监理、咨询企业随即进入，这些企业在带给我们先进管理理念和管理方式的同时，更多的是对我们现有市场以至体制的冲击。为此，内蒙古各地要深入贯彻落实自治区政府《关于加快内蒙古建筑业改革与发展的若干意见》，促进内蒙古建筑业的快速、持续、健康发展，进一步增强建筑业在经济社会发展中的重要作用，在竞争中求生存，在改革中谋发展，就必须抓住机遇，迎接挑战，深化改革，加快发展，增强企业的实力和竞争力，实现内蒙古建筑业发展的新跨越。

一、深化建筑企业改革，加快建筑业产业结构调整

内蒙古建筑企业应按照现代企业制度要求，改革现有企业结构，紧紧抓住我国工业化和城市化的发展机遇，加快经营机制转变，转换经营理念；同时还要继续加快国有企业改革步伐，尽快完成资产的重组和股份制改造，使企业焕发出新的生机和活力。要加快组建一批实力雄厚、市场竞争力强、资产规模大的建筑企业集团，形成以总承包企业为龙头，以专业承包企业为主体，以劳务分包企业为依托的超大型及大、中、小型企业相互联系、互为补充的企业组织结构，提高产业集中度，构筑起分工明确、配套协作、整体优势明显的队伍结构；要创立品牌工程，培育出一批名牌企业，提升企业知名度，扩大品牌效应，扩大内蒙古建筑企业在国内国际建筑市场的影响力。

二、加大建筑科技投入，加快成果的推广应用

建筑业要发展，科技进步和技术创新是关键。目前内蒙古大多数施工企业拥有的仅是常规技术，科技进步和技术创新的能力不足，建筑业的技术含

量较低。要提高内蒙古建筑业的经济效益，就必须重视建筑技术方面的引进、开发和应用，加大科技进步和创新的力度，在施工设计工作中加大应用新技术、新材料、新工艺、新设备的力度，提高工程技术的科技含量，推动内蒙古建筑业由数量型、劳动密集型、速度型和粗放型向质量型、科技型、效益型和集约型转变，逐步提高内蒙古建筑企业的综合实力和生产力水平，强化企业内部管理，减少不必要的用工，减少不必要的消耗，降低成本费用，提高赢利水平，从而促进内蒙古建筑业的快速健康发展。

三、积极开拓区内外市场，提高市场占有率

未来几年，我国建筑市场将成为全球容量最大的建筑市场，内蒙古的经济持续快速发展也吸引了国内外建筑企业进入内蒙古日益扩大的建筑市场。内蒙古本土建筑企业要在竞争中站稳脚跟，争取较大的市场份额，就必须深化改革，加快发展，整合资源，重点抓好部分建筑企业的兼并重组，形成紧密型的集团公司，同时还要加强学习国内、国外先进建筑企业的管理经验和专业技术，逐步增强内蒙古建筑企业的实力和市场竞争力，提高内蒙古建筑企业的知名度，在继续巩固、扩大区内市场份额的基础上拓展区外、境外市场，通过不断扩大市场占有率，促进内蒙古建筑业跨越式发展。对于以专业承包或以劳务输出为主的中小型企业也可以抓住在区外、境外施工的机会，拓展自身业务，"借船出海"也不失为一种拓展区外、境外市场的良策。

四、加强市场管理和行业管理力度，确保建筑市场有序运行

整顿和规范建筑市场，建立和完善建筑市场诚信体系是内蒙古"十一五"建设工程管理工作的重要内容。加强对建筑市场各方主体的监管，规范市场运行行为，加强市场准入管理，也是内蒙古"十一五"规划中重点要抓的工作。近几年来，随着《建筑法》及各种建筑业法规和管理制度的出台，内蒙古的建筑业市场管理、行业管理及其运行机制已越来越规范。但不可否认，地方保护主义和行业保护主义在一些地区和部门依然存在，"暗箱操作"、人情工程仍然屡禁不止，工程款边清边欠问题仍时有发生等，政府有责任对建筑业市场及其各方主体行为加强监督管理。进一步解决好拖欠工程款和农民工工资问题，重点加大对政府投资项目的清欠力度，严格责任追究制度。按照维护人民群众利益和市场经济秩序的要求，建立健全农民工工资支付监控制度，加大对恶意拖欠工程款行为的处罚力度，要完善信用管理体系，健全信用约束和失信惩戒机制，规范建筑市场各方主体行为，从源头上遏制建设

领域拖欠工程款问题的发生。为建筑企业提供一个公平、公正、公开的市场竞争环境，进而促进内蒙古建筑业持续、快速、健康发展。

五、拓宽建筑业发展范围，推进"广义建筑业"全面发展

广义的建筑业涵盖了建筑产品的生产以及与建筑生产有关的所有服务内容，包括规划、勘察、设计、建筑材料与成品及半成品的生产、施工及安装，建成环境的运营、维护及管理，以及相关的咨询和中介服务等等。"广义建筑业"和传统"狭义建筑业"紧密相关，而且对"狭义建筑业"具有重要的推动作用。

第四章　构建与完善建筑业指标体系

建筑业是国民经济的重要物质生产部门，与整个国民经济的发展、人民生活的改善有着密切关系。建筑业产业关联度高，全社会50%以上的固定资产投资要通过建筑业才能形成新的生产能力或使用价值。当前，建筑业面临加快发展的大好机遇，建筑业作为国民经济支柱产业的地位和作用日益彰显。在此背景下，如何进一步完善内蒙古建筑业指标体系，使之更全面客观地反映内蒙古建筑业发展情况，对于振兴建筑业、建设"两型社会"、加大对内蒙古经济增长的拉动力都是极其必要的。

第一节　内蒙古建筑业指标体系构建的背景和必要性

一、提出的背景

当前，内蒙古建筑业的发展正处于历史转折时期，从国内外宏观环境看，今后的20年，全国基本建设、技术改造、房地产等固定资产投资规模将保持在一个较高的水平，将为建筑业带来巨大的需求。一是在推进城镇化进程中将不断做大建筑业的市场"蛋糕"，客观上为建筑业进一步发展创造了条件。二是国家拉动内需、扩大基础设施建设，为建筑业的发展奠定了可靠的基础。三是西部大开发和东北老工业基地振兴战略为建筑业的发展提供了广阔领域，公用事业管理体制改革为建筑业的发展提供了新的市场空间。因此，可以说建筑业正处于历史上最好的发展时期。但另一方面，内蒙古建筑市场也面临着严峻挑战。面对新的竞争环境，如何增强内蒙古建筑业的综合竞争力，使内蒙古建筑企业有能力同国内外建筑企业竞争，并获得跨越式发展，已经是迫在眉睫。

目前内蒙古建筑业增加值变化有悖于建筑业发展的普遍规律性。建筑业的发展有其客观规律性，从对国内外建筑业成长发展轨迹的研究过程中，我们发现内蒙古建筑业增加值占国内生产总值（GDP）的比重（以下简称产值比重），随着经济发展阶段的变化而呈现三次曲线关系。在工业化初期和成长期，该比重由低到高呈现快速增长趋势，正常情况下可达到 7.28%，增加值增长率可达到 15.23%，个别国家（如日本、韩国）建筑业产值比重曾超过10%；进入工业化成熟期以后，产值比重会逐步降低，但仍可达到 5.21%。然而，进入后工业化成熟期，由于建筑产品寿命周期因素的影响和建筑业结构性的调整与改革，该比重会再次攀升，如日本总体上保持在 10% 左右，而美国在 2002 年也达到 8% 的高水平。但是，根据中国统计年鉴公布的数据，处于工业化快速成长期的中国建筑业的产值比重，从 1996 年以来一直维持在6.6% 左右，属偏低的水平，特别是其增加值增长率呈现下降趋势，从 20 世纪 80 年代的 23.64% ~ 8.81% 区间的高幅振荡，回落至当前 8.16% ~ 2.59%区间的低幅徘徊，远低于同期国际 15.23% 的峰值。2002 ~ 2007 年，我国建筑业占生产总值的比重由 5.3% 上升到 5.6%，呈现小幅上升趋势，符合建筑业增长变化特点。然而，同处于工业化成长期的内蒙古，2002 ~ 2007 年建筑业占生产总值的比重却由 7.2% 下降到 6.8%，绝对值虽然高于全国，但变动趋势却与全国相反，不符合建筑业发展的国际国内普遍规律。

内蒙古建筑业指标的低估妨碍了建筑业的跨越式发展。相对于内蒙古近年来固定资产投资大幅度增加、房地产建设迅速发展的现状而言，内蒙古建筑业主要指标明显偏低，建筑业增长显得相对缓慢，尤其是体现增长效益的指标与全国存在着较大的差距。究其原因，除内蒙古建筑业发展相对滞后外，主要是建筑业指标体系不健全，以及建筑业统计核算方法的局限所造成的（参见有关章节）。因此，要进一步完善建筑业现有指标的定义和统计方法，以客观地反映建筑业的发展。并且在现有基础上进一步扩展建筑业指标范围，促进构建新的建筑业指标体系。另外，面对未来建筑业市场扩容、投融资结构和市场主体多元化、项目组织实施方式多样化等新的挑战，既要满足建设规模扩容对建筑业"量"的要求，更要响应市场各类主体对政府管理服务不断提升的"质"的需求。同时内蒙古建筑业也存在着区域发展不平衡，行业发展环境有待改善，企业缺乏长远发展规划，产业结构有待进一步调整优化等问题。因此，亟待在市场占有份额、科技进步、质量安全等多方面构建新的指标，进而完善内蒙古建筑业指标体系。

完善建筑业指标体系是国家新时期对建筑业的新要求。我国建筑业产业政策和建筑业发展"十二五"规划课题研究组在相关工作会议上强调，建筑业要转变发展方式，加快改革，实现可持续发展，必须争取在建立健全机制、体制方面取得进展。要建立指标体系和理论框架。建筑业发展必须有一个健全的指标体系，如技术进步、人员素质、市场环境等都应有各自的指标体系。要通过调研，先建立起一系列的指标体系，然后逐步构建建设经济的理论框架。可见，在当前形势下，研究如何完善内蒙古建筑业指标体系，不仅是内蒙古现实发展的需要，也符合国家建筑业中长期发展战略的要求。

二、进一步完善指标体系的必要性

通过完善建筑业指标体系，全面准确地反映内蒙古建筑业发展的真实水平，改变目前建筑业主要统计指标被低估的现象其意义十分重大，主要体现在以下几个方面。

（一） 有利于纠正内蒙古建筑业统计指标被低估的现状

目前，内蒙古建筑业指标被低估主要表现在：一是建筑业增加值增速远远低于生产总值和工业的增长速度（参见表4-1）。2002~2007年，内蒙古生产总值年均增速为25.7%，其中第二产业年均增长33%（未考虑价格因素，下同）、工业增加值年均增长34.9%，但建筑业增加值年均增长速度仅为24.1%，建筑业企业增加值年均增长速度仅为28.9%。二是建筑业增加值占第二产业比重呈下降趋势。同期，内蒙古建筑业增加值占第二产业增加值的比重从18.5%下降到13.1%，年均下降6.8%，降速比全国高6个百分点；建筑业企业增加值占第二产业增加值的比重从6.7%下降到5.7%，而全国同期比重从7.1%上升到8.2%。可见内蒙古与全国的差距在逐渐加大。三是建筑业增加值总量在全国处于较低水平。2002年内蒙古建筑业增加值为155.04亿元，排全国第24位；2007年增加到411.89亿元，排全国第16位，虽然位次有所上升，但2002~2007年内蒙古建筑业年均增加值为296.78亿元，在全国排第18位，总量相对全国较小（参见图4-1）。

表4-1 内蒙古建筑业2002~2007年主要指标变动情况

指　　标	单位	内蒙古			全　　国		
		2002年	2007年	年均增长（%）	2002年	2007年	年均增长（%）
建筑企业数	个	726	734.0	0.2	47820	62074	5.4
建筑业从业人员	万人	27.7	38.6	6.9	2245.2	3133.7	6.9

续表

指 标	单位	内蒙古			全 国		
		2002 年	2007 年	年均增长（%）	2002 年	2007 年	年均增长（%）
从业人员占二产从业人员比重	%	15.9	21.0	5.7	14.2	15.2	1.3
建筑业企业总产值	亿元	220.0	681.1	25.4	18527.2	51044	22.5
建筑业企业增加值	亿元	50.9	181.2	28.9	3822.4	9944.4	21.1
建筑业总产值占工业总产值比重	%	14.3	11.7	-3.9	16.7	12.6	-5.5
建筑业增加值占二产增加值比重	%	18.5	13.1	(6.8)	12.0	11.5	(0.8)
建筑业增加值占生产总值比重	%	7.2	6.8		5.4	5.6	
建筑业企业增加值占二产增加值比重	%	6.7	5.7	-3.2	7.1	8.2	2.9
按总产值计算的劳动生产率	元/人	51902	99341	13.9	76171	148101	14.2
技术装备率	元/人	12494	9846	-4.7	9675	9208.0	-1.0
动力装备率	千瓦/小时	6.4	5.8	-2.0	4.9	5.0	0.4
房屋建筑竣工率	%	68.7	61.3	-2.3	51.1	42.3	-3.7
产值利润率	%	1.9	5.2	22.3	2.0	3.1	9.2
产值利税率	%	5.2	9.5	12.8	5.2	6.4	4.2
按注册类型划分的建筑业利润总额	亿元	4.1	35.3	53.8	370.3	1561.1	33.3
按注册类型划分的建筑业税金总额	亿元	7.3	29.4	32.1	969.8	3275.4	27.6

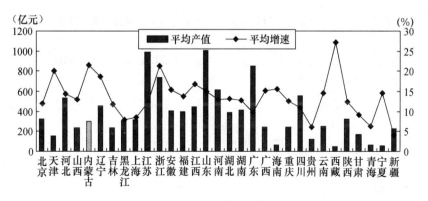

图 4-1 2002~2007 年平均产值及增速

（二）有利于提高内蒙古建筑业对经济增长的拉动力

2002～2007 年内蒙古建筑业对经济增长的贡献率不断下降，在全国各省市的位次后移。2002～2007 年是内蒙古经济迅速发展时期，但与此同时内蒙古建筑业对经济增长的贡献率却呈下降趋势（参见图 4－2）。一是对经济增长贡献率绝对值的下降，从 2002 年的 9.93%，下降到 2007 年的 3.41%，下降了近 2 倍。二是与全国相比，贡献率相对位次的下降，从 2002 年全国的第 4 位，高于全国平均水平 6.31 点，降至 2007 年的第 19 位，低于全国平均水平 1.2 个百分点。三是与内蒙古工业增加值对经济增长的贡献率相比较，差距迅速扩大，从 2002 年低于工业 25.4 个百分点，扩大到 2007 年的相差 55.4 个百分点。与内蒙古工业对经济增长的贡献率逐年呈上升趋势相比，形成了较大的反差。

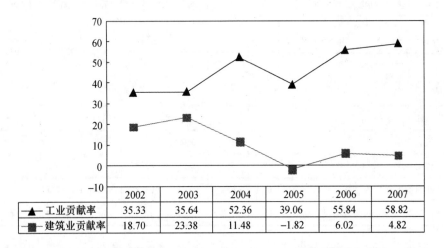

	2002	2003	2004	2005	2006	2007
工业贡献率	35.33	35.64	52.36	39.06	55.84	58.82
建筑业贡献率	18.70	23.38	11.48	－1.82	6.02	4.82

图 4－2 2002～2007 年内蒙古自治区建筑业增加值对经济增长贡献率与工业的比较（%）

通过灰色预测系统分别对内蒙古 2008、2009 和 2010 年的 GDP 和建筑业增加值进行预测，得出内蒙古 2008、2009 和 2010 年生产总值分别为 7852.33 亿元、10127.62 亿元和 13062.21 亿元；建筑业增加值分别为 478.101 亿元、552.315 亿元和 638.049 亿元。

按照以上预测数据，2008、2009、2010 年建筑业增加值占 GDP 的比重分别为：0.061、0.055 和 0.049，呈逐年下降趋势。这与内蒙古未来经济和建筑业的发展趋势不相符合。

以下是灰色关联法模拟和残差情况：

GDP 的 GM（1，1）的时间响应式为：

$$X_{(k+1)} = 5887.14 \exp (0.2545k) - 4341.35$$

平均相对误差为：2.69%

$x0_{(k)}$ 的模拟值见表 4 - 2：

表 4 - 2　GDP 模拟值及误差

年份	实际值	模拟值	残　差	相对误差
2002	1734.31	1705.861297	- 28.448703	- 1.640347
2003	2150.41	2200.15273	49.74273	2.313174
2004	2712.07	2837.67036	125.60036	4.631162
2005	3895.55	3659.915493	- 235.634507	- 6.048812
2006	4791.48	4720.414892	- 71.065108	- 1.483156
2007	6091.12	6088.205256	- 2.914744	- 0.047852

预测建筑业的 GM（1，1）时间响应式为：

$$X_{(k+1)} = 1295.8416 \exp (0.1443k) - 1176.06$$

平均相对误差为：10.16%

$x0_{(k)}$ 模拟值见表 4 - 3：

表 4 - 3　建筑业增加值模拟值及误差

年份	实际值	模拟值	残　差	相对误差
2002	155.04	201.148808	46.108808	29.739943
2003	252.35	232.37241	- 19.97759	- 7.91662
2004	316.8128	268.44274	- 48.37006	- 15.26771
2005	295.33	310.112137	14.782137	5.005295
2006	349.24	358.249723	9.009723	2.579808
2007	411.89	413.859534	1.969534	0.47817

（三）有利于促进建筑业企业和从业人员的快速增长

2002 ~ 2007 年，内蒙古建筑业企业数量仅增加了 8 家，年均增速仅为 0.2%，低于全国同期平均水平 5.2 个百分点。建筑业从业人员增长速度则与全国持平，2002 ~ 2007 年尽管占第二产业从业人员的比重从 15.9% 增加到了 21%，上升了 5.1 个百分点，高于全国 2007 年平均水平 6.8 个百分点；但从业人员数量仅增加了 8.9 万人，吸纳劳动力较为有限。

（四）有利于提高内蒙古建筑业增长质量，提高效益水平

在体现增长质量的主要指标中，按总产值计算的劳动生产率，内蒙古仅相当于全国水平的 2/3 左右，2002～2007 年，从相当于全国平均水平的 68% 下降到 67%；技术装备率则从高于全国平均水平 2819 元，下降到高于全国平均水平 638 元，年均降速达 4.7%；动力装备率从高于全国平均水平 2819 元，下降到高于全国平均水平 638 元，年均降速为 2%；房屋建筑竣工率虽然高于全国平均水平，但呈下降趋势，年均降速为 2.3%。此外，内蒙古建筑业企业税金增长慢于利润增长。2002～2007 年，内蒙古建筑业企业利润总额年均增长 53.8%，而税金总额增长 32.1%，可见对财政收入的相对贡献有所下降。

第二节　存在的主要问题及原因分析

一、核算统计规定上的偏差

建筑业统计与 GDP 核算制度间的差异，使内蒙古建筑业增加值和建筑业企业增加值之间差距巨大。根据现行 GDP 核算统计制度规定，建筑业增加值的核算范围为：全部建筑业企业、其他行业附属建筑业产业活动单位和建筑业个体户从事的房屋和土木工程建筑活动、建筑安装活动、建筑装饰活动和其他建筑业生产经营活动。建筑业增加值的核算，是全社会统计，是在地（经营地）统计，即一地区辖区内的全部建筑业活动。而按现行建筑业统计制度规定，建筑业的统计范围是：辖区内具有建筑业资质的所有独立核算的建筑业企业，并且按企业登记注册地统计。

从两者的统计范围可以看出，建筑业统计只统计了建筑业行业中的一部分，未包括本地的非独立核算建筑业企业、资质外建筑业企业及建筑业个体户；建筑业统计包括了本地建筑资质企业在外地的建筑业活动，但未包括辖区外企业（含境外企业）在本地进行的建筑活动。建筑业统计与生产总值核算制度规定之间的差距，造成了建筑业统计范围的局限，未能全面反映内蒙古建筑业的生产活动情况。2002 年和 2007 年，内蒙古建筑业增加值与建筑业企业增加值之比分别为 1:2.75 和 1:2.27，而全国同期水平分别是 1:1.69 和 1:1.41，可见内蒙古建筑业增加值与建筑业企业增加值的差距远大于全国平均水平。

二、统计方法上的偏差

难以统计外地建筑企业在内蒙古的建筑活动。按照建筑业核算统计方法的规定，各级政府统计部门、建设行政主管部门和各建筑业企业采取下级向上级负责的分级负责制度，按照统一格式、统一时间、统一报告程序，自下而上组织填报和汇总，上级对下一级数据进行评估审核。统计报表主要分为年度报表和季度报表，实行全面调查，超级汇总制度。建筑业的统计范围主要包括：建筑业的基本生产情况，包括建筑业总产值、单位工程施工个数、房屋建筑施工面积、竣工产值、单位工程竣工个数、房屋建筑竣工面积，以及资产和财务状况等；建筑业企业统计报表的主要内容包括：建筑业企业基本情况、建筑业企业生产情况、建筑业企业财务状况、建筑业企业房屋建筑完成情况、劳务分包建筑业企业生产经营情况、信息化情况等。

可以看出，建筑业统计是建立在建筑企业的一系列报表基础上的。独立核算的建筑施工企业隶属于注册所在地建筑部门管理，但施工却长年在外地，其生产活动情况很难及时向所在地的建筑管理部门上报统计报表。据我们到浙江、江苏和山东三个建筑业大省调研的结果：三省建筑业在省外完成的产值比重相当大，2008 年浙江省省外实现产值占全省建筑业产值的比重约为40%，江苏省为1/3，山东省为10%，但三个省在省外实现的产值均按照企业注册地进行统计，即只计入到本省产值中。有的施工企业承建着大型建设项目，建设周期较长，需一至数年方可完工，建筑管理部门对此也是鞭长莫及，对其实际完成的建设进度不能及时掌握，统计数据质量受到较大影响，难以及时完整地统计外地建筑企业的生产活动情况。

三、核算方法的偏差

人为估算数据现象普遍，使其客观性和科学性大打折扣。国民经济核算统计的是一个地区在一定时间内的最终生产成果，采用在地核算原则。即使建筑业统计渠道健全，指标体系也比较科学，但由于统计基于施工企业，没有考虑建设工程的所在地问题，不符合地区生产总值按照在地核算的原则，使得建筑业异地生产成果难以统计和体现。江苏、浙江等建筑业发达地区，由于其异地施工比重大，而统计经常在当地完成，因而甚至屡屡出现建筑业增加值统计结果大于其二产增加值的情况，只好将其多余增加值部分估算后分摊到相应异地施工的省区。至于内蒙古各盟市建筑业现价增加值则是由内蒙古建筑业增加值总额乘以各盟市所占比重而来，缺乏客观性和准确性。

四、经济普查基数的偏差

普查方法未充分考虑外地建筑企业统计偏差问题，影响统计推算的结果。众所周知，经济普查结果是未来经济指标统计推算的基点数据，是统计核算的重要依据。2004 年和 2008 年，内蒙古根据《全国经济普查方案》分别进行了第一次和第二次内蒙古经济普查，通过普查可以修正和调整现有建筑业的数据，提高统计和分析的准确性和科学性。然而第二次经济普查并没有充分考虑建筑业企业异地施工导致的统计误差问题。从建筑业调查表上看，产业活动单位基本情况表中，企业营业状况登记未区分当地和异地；企业普查表中，建筑业企业生产子表里，施工面积、从业人员、产值等指标均未充分考虑建筑企业异地施工问题；其他建筑业企业生产、财务等统计表中，同样均未考虑建筑企业的异地生产活动情况。可想而知，本次普查结果虽然可以一定程度上提高建筑业基数的准确性，但难以从根本上解决建筑业统计数据的局限性。

第三节　建筑业指标体系构建的初步设想

一、遵循的主要原则

科学性原则。以完善内蒙古建筑业指标体系，准确全面反映建筑业生产及相关活动为目标，以建筑业和 GDP 核算统计制度和方法、《国民经济行业分类》等国家和自治区有关规定为基础，以统计学原理为指导，选择指标时要符合建筑业本身的特点和发展规律，力求少而精，以克服目前建筑业统计数据偏低造成的不利影响。

系统性原则。建筑业经济指标的设置是一个有机整体，要充分考虑指标间具有的逻辑关系，不仅从各个角度反映建筑业的主要特征和状态，而且应能动态地反映指标间的制约和变化。

简明性原则。指标体系的选择需要进行高度筛选，避免冗余重复，以有代表性的综合性指标和主要指标为主。

可操作性原则。指标的设计必须切合实际，不仅理论上可行，更要实际上可操作。避免由于信息不对称、建筑企业自身的局限等原因造成难以完成统计等情况。

二、体系结构模型及评价

内蒙古建筑业指标体系结构模型的建设方案是建立在目前我国建筑业的定义和分类之上的。按照定义，建筑业是专门从事土木工程、房屋建设和设备安装以及工程勘察设计工作的生产部门。其产品是各种工厂、矿井、铁路、桥梁、港口、道路、管线、住宅以及公共设施的建筑物、构筑物和设施。根据我国国民经济行业分类，建筑业包括 47～50 大类（参见本章附表1）。本着完善内蒙古建筑业指标体系这一目标，在设计建筑业指标体系时在国家建筑业行业分类的基础上，结合内蒙古近几年建筑业客观实际，重点考虑的要素有建筑业投入、建筑业产出（经济效益、社会效益、环境效益）、企业概况、市场占有、技术创新、增长质量六个方面。据此内蒙古建筑业指标体系结构模型拟分为三至四层，形成金字塔形分布，从底层向上逐步量化（参见本章附图1、表4-7）。

（一）建筑业投入

目前建筑业统计和固定资产投资统计分别属于部门统计和政府统计，虽然都是反映的建筑业生产活动情况，但是由于统计口径和统计渠道不同，其统计结果的差距较大。所以有必要将固定资产投资统计纳入指标体系进而完善建筑业统计核算。此外，通过对建筑业投入指标的核算，可以与建筑业产出形成对比，使统计核算更加完善准确。

（二）建筑业产出

为使建筑业指标体系更加完善，我们拟将建筑业产出分为建筑业产值/增加值、建筑面积、企业效益、社会效益、环境效益。

建筑业总产值：按注释情况分别进行统计，区内企业进一步按企业类型进行统计。其余指标按区内（区内按企业类型进一步统计）和区外企业分别进行统计，分为总量和增长速度。

建筑业增加值：指建筑业企业在报告期内以货币表现的建筑业生产经营活动的最终成果。目前建筑业增加值采用分配法（收入法）计算，根据生产要素在生产过程中应得的收入份额计算。是指常住单位生产过程创造的新增价值和固定资产的转移价值。它可以按生产法计算，也可以按收入法计算。按生产法计算，它等于总产出减去中间投入；按收入法计算，它等于劳动者报酬、生产税净额、固定资产折旧和营业盈余之和。分为总量和增长速度。

建筑面积：分为施工面积和竣工面积。

经济效益：是反映产业生存、发展状态的关键类指标。在众多经济效益指标中，选取三个方面的指标，即企业总收入、利润、产值利润率。

社会效益：分为就业总人数、利税和产值利税率。

环境效益：环境效益是从自治区建筑业可持续发展角度设计的指标，它分建成区绿地面积占全部建筑面积的比重和单位面积能耗两项指标。

（三）企业素质与竞争力

企业概况反映一个地区该产业的综合竞争力，产业竞争力为一个国家或地区产业对于该国或地区资源禀赋结构和市场环境的反应和调整能力，而作为其微观基础的企业竞争力，为企业保持自身的技术和产品选择以及经营战略与该国或地区比较优势一致性的能力。鉴于内蒙古目前建筑企业中既有区内企业也有区外企业的现实状况，有必要特别区分区内和区外企业的竞争优势及劣势。其下层指标有：企业类型、人力资源、财务状况。

企业类型：鉴于目前内蒙古建筑业在统计核算时存在的区外企业产业活动统计不全、资质外企业未纳入统计等问题比较突出，故在进行统计时作以下区分，分别进行统计。

区内企业：直接从内蒙古建设单位承揽工程完成的建设项目。①自行完成施工项目。②分包出去工程的建设项目：包括分包给区内企业的建设项目；分包给区外企业的建设项目。

从内蒙古建设单位以外承揽工程完成建设项目：

区外企业：直接从内蒙古建设单位承揽工程完成的建设项目。①自行完成施工项目。②分包出去工程的建设项目：包括分包给区内企业的建设项目；分包给区外企业的建设项目。

资质企业：建筑业统计的统计范围为具有建筑业资质等级四级及四级以上的独立核算建筑业企业生产情况。资质外企业并未纳入核算范围，严重影响了建筑业相关指标数值的准确性，所以在设立此指标体系时加入企业类型来辅助其他指标进行核算。

企业财务状况：包括企业资产总和、流动比率和资产负债率，总资产又包括流动资产、固定资产和无形及递延资产；流动比率是衡量企业流动资产在短期债务到期前可以变为现金用于偿还流动负债的能力，这项指标可以用数值表示。

资产负债率又称"负债比率"、"举债经营比率"。是指企业负债总额与资产总额的比率，用以反映企业总资产中借债筹资的比重，衡量企业负债水平的高低情况。

以上有关企业财务状况进一步分为区内企业（区内指标进一步按企业类型分别进行统计）和区外企业财务状况。

人力资源：分为分级别项目经理数（一级、二级）、不同职称人员数（初级、中级、高级）、技术管理人员数。通过对人力资源相关指标的统计可以分析出目前内蒙古建筑业增加值与建筑业从业人员专业文化素质之间的关系。

（四）市场占有

该指标体现产业在本地区以及更大范围内的竞争力，以及产业内部结构的合理性、产业的可持续发展能力。以营业额作为基础指标，下层指标有行业市场份额（产业内部结构比例）、地区市场份额和企业市场份额（区内企业除进一步按企业类型分别进行核算以外）。

（五）技术创新

产业综合实力一大要素，主要有技术装备、信息技术应用和技术研发几项指标。技术研发进一步分为研发人员和研发资金，其中信息技术不只是一项技术，更是管理思想、组织形态和管理方式的变革。

（六）增长质量

增长质量是衡量建筑业发展质量的重要指标，除考虑劳动生产率、竣工率外，充分体现科学发展观中"以人为本"的精神，强调质量安全，其中包括事故死亡人数、百亿元产值死亡率和百万平方米房屋建筑死亡率三项指标。

三、建筑业指标主要变动内容及评价

通过对内蒙古建筑业现状的分析，本着构建和完善建筑业指标体系的宗旨，分别从新加指标和修订旧的指标两个方面，对内蒙古建筑业指标体系进行完善，分为分类指标和定量与定性评价指标（参见表 4 - 4、表 4 - 5、表 4 - 6、表 4 - 7）。

在建筑业投入方面加入的新指标有每亿元总产值消耗水泥、每亿元总产值消耗钢材；在建筑业产出中环境效益增加了建成区绿地面积比重和单位面积能耗两项指标；在企业概况方面增加了流动比率、资产负债率、分级别项目经理数、不同职称人员数以及技术管理人员数五项指标；在技术创新方面增加了研发人员数、研发资金数、信息化从业人员数和网络平台建设数四项指标；在增长质量方面增加了竣工率和事故死亡人数两项指标。

对内蒙古建筑业原有指标的修订主要是从统计口径上对内蒙古建筑业指标进行完善，通过企业类型将建筑业总产值、建筑业增加值等原有的指标按区内企业和区外企业（区内企业进一步区分为资质企业和无资质企业）分别进行统计。

表4-4 建筑业分类指标体系一览表

分类指标	分层指标	单项指标	是否纳入测评
建筑业投入	固定资产投资		√
	资源消耗	每亿元总产值消耗水泥	√
		每亿元总产值消耗钢材	√
建筑业产出	产值/增加值	总产值（亿元）	×
		增长率（%）	×
		增加值（亿元）	×
		增长率（%）	×
	产业结构	土建工程业企业产值（亿元）	×
		土建工程业企业产值增长率（%）	×
		安装工程业企业产值（亿元）	×
		安装工程业企业产值增长率（%）	×
		装修装饰业企业产值（亿元）	×
		装修装饰业企业产值增长率（%）	×
	经济效益	企业总收入（亿元）	√
		利润（亿元）	√
		产值利润率（%）	√
	建筑面积	施工面积（万平方米）	×
		竣工面积（万平方米）	×
	环境效益	建成区绿地面积比重（%）	√
		单位面积能耗	√
	社会效益	就业人员总数（万人）	√
		利税总额（亿元）	√
		产值利税率（%）	√
企业概况	企业类型	区外企业数（个）	×
		区内企业数（个）	×
		资质企业数（个）	×
		无资质企业数（个）	×

续表

分类指标＼分层指标	分层指标	单项指标	是否纳入测评
企业概况	人力资源	分级别项目经理数（人）	√
		一级（人）	
		二级（人）	
		不同职称人员数（人）	√
		高级（人）	
		中级（人）	
		初级（人）	
		技术管理人员数（人）	√
	财务状况	企业总资产（亿元）	×
		流动资产（亿元）	×
		固定资产（亿元）	×
		无形及递延资产	×
		流动比率（％）	×
		资产负债率（％）	√
市场占有	行业市场份额	土建工程业占区内市场比例（％）	√
		安装工程业占区内市场比例（％）	√
		装修装饰业占区内市场比例（％）	√
	地区市场份额	区外企业占区内市场比例（％）	√
		区内企业占区内市场比例（％）	√
	企业市场份额	资质企业占区内市场比例（％）	√
		无资质企业占区内市场比例（％）	√
技术创新	技术装备	技术装备率（％）	√
	信息技术应用	信息化从业人员数（万人）	√
		网络平台建设数（个）	√
	技术研发	研发人员数（万人）	√
		研发资金数（万元）	√
增长质量	全员劳动生产率(元/人)		√
	竣工率		√
	质量安全	事故死亡人数（％）	√
		百亿元产值死亡率（万人）	√
		百万平方米房屋建筑死亡率（％）	√

表 4 – 5   建筑业指标体系定性评价表

指标＼分类	定性指标	目标内容
经济社会效益	社会贡献	建筑业对国民经济和社会贡献持续提高
	盈利能力	建筑业继续保持平稳较快增长，建筑业盈利能力不断增强
市场经营能力	市场法规	建立完善的建筑业地方性法规体系，市场秩序合理有序
	招投标市场	规范招投标市场，建立有效的招投标监管机制
技术能力	技术水平	建筑业总体技术水平显著提高，达到或超过国内平均水平
	企业素质	拥有一批优秀企业家、高素质的专家和人才队伍
	岗位资格	符合行业发展需要的执业资格人员和特殊工种持证上岗
产业结构	所有制结构	基本完成企业所有制改革，非国有制企业比重适度上升
	产业体系	形成以工程总承包、专业承包、劳务分包为主体的产业结构
	市场布局	建立省外区域性市场，并在中心市场设立办事机构
安全生产	工程质量	工程质量保持全国先进水平，树立内蒙古建筑品牌形象
	获奖情况	项目获得国优、部优工程数量保持全国领先地位
	防范处理机制	建立质量安全事故的防范机制和应急处理机制

表 4 – 6   建筑业指标体系定量评价表

指标＼分类	定量指标分类	
	总量指标	相对指标
经济社会效益	建筑业总产值（亿元）	
	建筑业增加值（亿元）	
	建筑业净资产（亿元）	
		按建筑业总产值的劳动生产率（万元/人）
		建筑业增加值占 GDP 的比例（%）
	从业人数（万人）	
	利润总额（亿元）	
	利税总额（亿元）	
		人均利税率（万元/人）
		建筑业从业人数占总就业人数比例（%）
		产值利税率

续表

指标＼分类	定量指标分类	
	总量指标	相对指标
企业结构	区内企业数（个）	
		区内企业数占全部企业的比例（％）
	区内企业产值（亿元）	
		区内企业产值占全部企业的比例（％）
	区外企业数（个）	
		区外企业数占全部企业的比例（％）
	区外企业产值（亿元）	
		区外企业产值占全部企业的比例（％）
	产值30亿元以上大型企业数（个）	
		产值30亿元以上大型企业数所占比例（％）
	产值30亿元以上大型企业产值（亿元）	
		产值30亿元以上大型企业产值所占比例（％）
	二级以上企业数（个）	
		二级以上企业数所占比例（％）
	二级以上企业产值（亿元）	
		二级以上企业产值所占比例（％）
行业结构	土建工程业企业数（个）	
		土建工程业企业数所占比例（％）
	土建工程业企业产值（亿元）	
		土建工程业企业产值所占比例（％）
	安装工程业企业数（个）	
		安装工程业企业数所占比例（％）
	安装工程业企业产值（亿元）	
		安装工程业企业产值所占比例（％）
	装修装饰业企业数（个）	
		装修装饰业企业数所占比例（％）
	装修装饰业企业产值（亿元）	
		装修装饰业企业产值所占比例（％）

分类 指标	定量指标分类	
	总量指标	相对指标
技术能力	技术经济人员总数（万人）	
		技术经济人员比例（%）
		技术装备率（元/人）
		信息化投入率（%）
		新建建筑节能（%）
市场占有 份额	内蒙古市场份额（亿元）	
		占全国营业额的比例（%）
		区外完成市场份额（%）

注：此表指标也作为省、市、自治区间/内蒙古自治区区内各盟市/内蒙古自治区区内建筑企业间的对比指标，内蒙古自治区区内企业间进行对比时，企业个数指标不作对比。

表 4-7 建筑业指标体系新旧类目对照表

指标名称	原有指标	新增/调整后指标	说　　明
每亿元总产值消耗水泥		每亿元总产值消耗水泥	每亿元总产值消耗水泥 = $\dfrac{消耗水泥总量}{亿元建筑业总产值}$
每亿元总产值消耗钢材		每亿元总产值消耗钢材	每亿元总产值消耗钢材 = $\dfrac{消耗钢材总量}{亿元建筑业总产值}$
建筑业总产值	建筑业总产值	建筑业总产值	对该指标进一步按区内企业和区外企业分别进行统计，区内企业进一步按资质企业和无资质企业统计
建筑业增加值	建筑业增加值	建筑业增加值	同上
增长率		增长率	分为总产值增长率和增加值增长率
产值利税率	产值利税率	产值利税率	对该指标进一步按区内企业和区外企业分别进行统计，区内企业进一步按资质企业和无资质企业统计
产值利润率	产值利润率	产值利润率	同上
施工面积	施工面积	施工面积	同上

续表

指标名称	原有指标	新增/调整后指标	说　明
竣工面积	竣工面积	竣工面积	同上
建成区绿地面积比重		建成区绿地面积比重	建成区绿地面积比重＝建成区绿地面积/建成区面积
单位面积能耗		单位面积能耗	单位面积能耗＝一次能源对建筑业的供应量/建筑面积
就业人员总数	就业人员总数	就业人员总数	对该指标进一步按区内企业和区外企业分别进行统计,区内企业进一步按资质企业和无资质企业统计
利税	利税	利税	同上
分级别项目经理数		分级别项目经理数	分为一级项目经理数和二级项目经理数
不同职称人员数		不同职称人员数	分为初级、中级、高级职称人员数
技术管理人员数		技术管理人员数	
流动比率		流动比率	流动比率＝流动资产/流动负债×100%
资产负债率		资产负债率	资产负债率＝负债总额/资产总额×100%
研发人员		研发人员	专指建筑业研发人员数
研发资金		研发资金	专指建筑业研发资金
信息化从业人员数		信息化从业人员数	
网络平台建设数		网络平台建设数	
竣工率		竣工率	竣工率＝房屋建筑竣工面积/房屋建筑施工面积
事故死亡人数		事故死亡人数	
百亿元产值死亡率		百亿元产值死亡率	百亿元产值死亡率＝事故死亡人数/百亿元产值
百万平方米房屋建筑死亡率		百万平方米房屋建筑死亡率	该指标为建筑业一项较为科学的量化指标。百万平方米房屋建筑死亡率＝事故死亡人数/百万平方米房屋建筑面积

第四节　完善建筑业指标体系的重点和措施

一、建立健全建筑业统计核算体制机制

内蒙古各级党委、政府要把建筑业纳入国民经济和社会发展规划，综合协调，统筹安排，研究制定扶持建筑业发展的政策措施，研究确定本地区建筑业发展的途径和方式，科学规划和指导产业发展，充分发挥建筑业对区域经济的推动作用。内蒙古建设部门负责编制内蒙古建筑业产业发展规划，加强对建筑业经济运行的监测和分析，搞好调控和服务。统计、建设、发展改革部门要密切合作，建立充分反映内蒙古施工总量和建筑规模的统计指标体系，建筑业企业应按实际完成的工程量上报统计数据。建设主管部门要制定区外企业入区施工服务和管理办法，规范建筑市场行为，将符合统计制度规定的区外施工企业产值纳入到内蒙古统计指标体系中。建筑施工企业无论在何地承接的建设项目，都应向建设项目所在地的统计部门进行统计申报，如实报告建设项目的完成进度。建设管理部门应要求下属施工单位在上报本部门的统计报表的同时，上报到项目建设所在地的统计部门，使建设管理部门掌握其下属建设单位的建筑活动成果，统计部门及时准确掌握本地固定资产投资情况，以保证国民经济核算的需要。要建立健全建筑业统计考核制度，定期公布各市建筑业主管部门所辖企业的上报率，定期公布企业统计报表上报情况，对不报统计报表和报表质量差的企业进行通报，对长期不重视统计工作、不报报表的，按有关法规进行处罚，并记入企业信用系统，与企业资质动态核查等管理工作挂钩进行处理。

二、进一步完善指标体系和统计方法

一是要大力加强完善建筑业及相关指标体系的研究。要根据实际不断完善建筑业指标体系。按照国家要求，除建立建筑业增加值指标体系外，还需建立能够反映内蒙古施工总量、建筑规模、技术进步、人员素质、市场环境等一系列指标体系。二是逐步健全全社会固定资产投资统计渠道，提高统计数据质量。在全社会固定资产投资统计中，约占固定资产投资总额30%～40%的规模以下投资项目没有纳入全面报表的统计范围，这部分固定资产投资完成情

况长期靠统计人员估算，缺乏科学的统计依据。要充分发挥主管部门和建设规划管理部门的职能，对于零星建设项目实行监管，对于开工建设的小型建设项目由职能管理部门备案后统一上报同级统计部门，使规模以下的固定资产投资项目统计渠道畅通，数出有据。对于城镇和农村私人投资可采取抽样调查的方式，或者结合住户调查资料进行推算，逐步健全全社会固定资产投资统计渠道，提高统计数据质量。三是搞好经济普查、准确建筑业增加值的基数。由于现行建筑业增加值的核算，均是以经济普查的数据为基础并参考各相关指标进行推算的，所以经济普查时建筑业增加值如果没搞准搞实，将会影响未来几年建筑业增加值的核算，以致影响整个 GDP 数据核算的准确性。应借经济普查之机搞准内蒙古建筑业增加值的基数，充分考虑外地建筑企业统计不全造成的统计误差，层层把关，使数据尽可能地客观、准确，为未来的统计核算奠定良好基础。

三、加快建筑业统计信息化建设，搭建共享统计信息资源平台

为准确反映建筑业企业的增减情况，提高工作效率，增强时效性，各级建设行政主管部门要及时向同级政府统计部门提供资质等级建筑业企业名单（公司地址、联系电话、资质等级）。各级政府统计部门要及时将建筑业年报、季报和相关统计分析资料提供给同级建设行政主管部门。内蒙古自治区建设厅向自治区统计局开放建筑业管理信息系统与六大行业定期报表系统，并将勘察设计、工程监理、家居装饰装修等专业部门统计数据及时备案，提供本区和区外在内蒙古施工企业名单。自治区统计局定期向自治区建设厅提供建筑业月报、季报、年报有关数据，未经国家评估确认的数据只用于建设系统内部工作应急参考作用，建筑业运行分析与行业评比以及对外公布的数据必须采用经国家统计局核准后的数据。各级建设主管部门应认真做好保密工作，特别是涉及企业具体指标不对外公布。

四、加强建筑业统计分析

加强对建筑经济运行状况的监测、预测和分析。充分发挥建筑业统计工作的优势，利用建筑业统计数据，结合经济发展态势，紧密围绕建筑业的科学发展，从总量、结构、效益、市场变化等方面深入分析，准确判断和把握建筑业经济发展特征，及时反映建筑业发展中出现的热点和难点问题，提出针对性的对策建议，为科学决策提供准确及时的参考依据。要深入开展建筑业统计预测研究，改进建筑业统计预测方法，建立科学合理、可操作性强的建筑业统计预测机制，及时按季度、年度预测建筑业发展情况，发挥建筑业统计的引领和导向作用。

附:

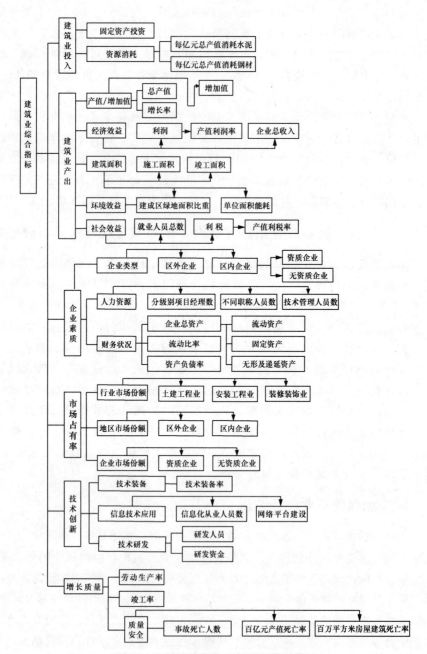

附图 1　内蒙古建筑业指标体系结构模型

附表1 目前建筑业指标体系

4710	房屋和土木工程建筑业 房屋工程建筑：指房屋主体工程的施工活动，不包括主体工地施工前的准备活动。 包括： ◇居民住宅的施工； ◇企业用建筑物的施工； ◇宾馆、饭店、公寓楼的施工； ◇写字楼、办公用建筑物的施工； ◇学校、医院的施工； ◇机场、码头、火车站、汽车站的旅客等候厅（室）的施工； ◇室内体育、娱乐场馆的施工； ◇厂房、仓库的施工； ◇房屋和公共建筑物的施工。	不包括： ◇工程施工前的拆除、爆破、平整土地、挖土、运土等活动，列入5010（工程准备）； ◇企业特殊设施的施工（如：石化厂的炼化、炼焦设施，油、气库设施；冶金厂的冶炼设施以及其他专门用工业设施），列入4723（工矿工程建筑）； ◇飞机场的跑道、火车站的铁轨铺设施工，列入4721（铁路、道路、隧道和桥梁工程建筑）； ◇城市公共绿地、广场的建设，列入4721（铁路、道路、隧道桥梁工程建筑）。
472	土木工程建筑：指土木工程主体的施工活动，不包括主体工程施工前的土方挖运、拆除爆破等工程准备活动，该活动列入5010（工程准备）。	
4721	铁路、道路、隧道和桥梁工程建筑 包括： ◇铁路、地铁、轻轨、有轨电车的路基施工和轨道铺设施工； ◇高速公路、快速路、普通公路的施工； ◇城市道路、街道、人行道、过街天桥、行人地下通道、城市广场、停车场及交通护栏设施等的施工； ◇飞机场、跑道的施工； ◇铁路、公路、地铁隧道挖掘施工（含隧道挖掘、衬砌等）； ◇铁路、公路桥梁及城市立交桥、高架桥的施工。	不包括： ◇火车站、汽车站、码头、飞机场的旅客等候厅（室）的施工，列入4710（房屋工程建筑）； ◇地下水渠、河道的施工，列入4722（水利和港口工程建筑）； ◇城市地下排水管道的施工，列入4724（架线和管道工程建筑）； ◇矿山坑道、井道的施工，列入4723（工矿工程建筑）； ◇城市道路、桥梁、隧道的养护，列入8110（市政公共设施管理）； ◇非城市道路、桥梁、隧道的养护，列入5232（公路管理与养护）。
4722	水利和港口工程建筑	

	包括:	不包括:
	◇水库的施工;	◇供水管道、排水管道的施工,列入4724
	◇防洪堤坝、海堤的施工;	(架线和管道工程建筑);
	◇行蓄洪区建设施工;	◇水处理及净化水厂工程,列入4723(工矿
	◇水利调水工程施工;	工程建筑);
	◇江、河、湖、泊及海水治理施工;	◇单纯的发电机组安装工程,列入4723(工
	◇水土保持工程施工;	矿工程建筑);
	◇港口、码头、船台、船坞的施工;	◇水力发电的电力送配工程,列入4724(架
	◇河道、引水渠、渠道的施工;	线和管道工程建筑)。
	◇水利与发电机组安装在一起的工程施工。	
4723	工矿工程建筑:指除厂房外的矿山和工厂生产设施、设备的施工和安装,以及海洋石油平台的施工。	
	包括:	不包括:
	◇矿山施工(含坑道、隧道、井道的挖掘、搭建);	◇工厂厂房、车间等房屋的施工,列入4710(房屋工程建筑);
	◇电力工程施工与发电机组设备安装(如水力发电、火力发电、核能发电、风力发电等);	◇石油、天然气开采的搭架钻井工程,列入0790(与石油和天然气有关的服务活动);
	◇海洋石油建设工程的施工及安装;	◇水利与发电机组安装在一起的工程,列入
	◇工厂生产设施、设备的施工与安装(如炼化、焦化设备,大型储油、储气罐、塔,大型锅炉,冶炼设备,以及大型成套设备、起重设备、生产线等);	4722(水利和港口工程建筑); ◇电力送配工程,列入4724(架线和管道工程建筑);
	◇自来水厂、污水处理厂的施工;	◇油田、化工厂、热力、燃气、自来水等输
	◇水处理系统的安装施工;	送管道的工程施工,列入4724(架线和管道
	◇燃气、煤气、热力供应设施的施工;	工程建筑)。
	◇固体废弃物治理工程施工(如城市垃圾填埋、焚烧、分拣、堆肥等施工);	
	◇其他未列明的工矿企业生产设备的施工。	
4724	架线和管道工程建筑:指建筑物以外的架线、管道和设备的施工。	
	包括:	不包括:
	◇高压电力线(电缆)输送施工,低压电力线及变电站(所)的施工;	◇建筑物内各种线路、管道的安装施工,列入4800(建筑安装业);
	◇城市电力线和公共照明电力线施工;	◇建筑物内广播电视接收设备的安装,列入
	◇城市建筑物、绿地、街景的照明施工;	4800(建筑安装业);
	◇对外通信传送架线与设施的施工(含地下和水下通信电缆);	◇建筑物内及房顶的通信设施的安装,列入4800(建筑安装业);

续表

	◇城市通信传送架线与设施的施工； ◇长距离输油、输气、供水及输送其他物品的管道施工； ◇城市内天然气、煤气、液化石油气、水、热力、污水的管道施工及中转站、控制站（所）的施工； ◇广播电视转播设施的施工（含电视塔施工）； ◇建筑物外的其他设备安装施工。	◇与生产、供应设备无法分开的管道输送设备的施工，列入4723（工矿工程建筑）。
4729	其他土木工程建筑 包括： ◇体育场、高尔夫球场、跑马场等的施工； ◇公园、游乐园、游乐场、水上游乐设施、公园索道以及配套设施的施工； ◇水井钻探施工； ◇路牌、路标、广告牌安装施工； ◇其他未列明的土木工程建筑。	不包括： ◇室内体育、娱乐场所的施工，列入4710（房屋工程建筑）； ◇供水管道的工程，列入4724（架线和管道工程建筑）； ◇污水处理厂的施工，列入4723（工矿工程建筑）； ◇城市绿地草坪的建设，列入8120（城市绿化管理）。
48 4800	建筑安装业 建筑安装业：指建筑物主体工程竣工后，建筑物内的各种设备的安装。包括建筑物主体施工中的敷设线路、管道的安装，以及铁路、机场、港口、隧道、地铁的照明和信号系统的安装。不包括工程收尾的装饰，如对墙面、地板、天花板、门窗等处理。 包括： ◇电力线路、照明和电力设备的安装； ◇电气设备和信号设备的安装； ◇通信线路和设备的安装； ◇上水管道及设备安装； ◇下水管道及设备安装； ◇供气管道及设备安装； ◇供暖管道及设备安装； ◇通风管道及设备安装； ◇空调设备安装； ◇火警装置的安装； ◇防盗装置的安装； ◇绝缘、防火装置安装； ◇升降机及自动电梯安装； ◇其他设备安装。	不包括： ◇专门从事建筑物外的线路、管道安装施工，列入4724（架线和管道工程建筑）； ◇室内墙壁、地板、天花板、门窗的安装和处理，列入4900（建筑装饰业）； ◇房屋防水工程，列入4729（其他土木工程建筑）； ◇工厂生产设备的安装（如塔、罐、生产线等），列入4723（工矿工程建筑）。

续表

49 4900	建筑装饰业 建筑装饰业：指对建筑工程后期的装饰、装修和清理活动，以及对居室的装修活动。 包括： ◇门窗的安装； ◇玻璃的安装； ◇防护门窗、防护栏、防盗栏的安装； ◇地面、地板处理、安装； ◇墙面、墙板处理、粉刷； ◇天花板的处理、粉刷； ◇涂漆； ◇室内其他木工、金属制作服务； ◇工程完成后室内装修与保养； ◇房屋的一般维修、装修和保养； ◇其他竣工活动。	不包括： ◇混凝土地面的施工，列入 4710（房屋工程建筑）； ◇隔声工程服务，列入 4800（建筑安装业）； ◇路面、停车场涂漆标志服务，列入 4721（铁路、道路、隧道和桥梁工程建筑）； ◇车、船、飞机舱内的装饰活动，列入 C（制造业）相应的类别中。
50 5010	其他建筑业 工程准备：指房屋、土木工程建筑施工前的准备活动。 包括： ◇建筑物、桥梁、道路、铁道的拆除； ◇厂房、生产设备的拆除； ◇建筑物、坑道、山石的爆破； ◇工程土地平整（含填河、填海的土方工程）； ◇工程挖土、运土； ◇工程排水； ◇工程的其他准备活动。	不包括： ◇水库、堤坝的挖、填、运土方工程，列入 4722（水利和港口工程建筑）。
5020	提供施工设备服务：指专门为各种施工场地提供配有操作人员的施工设备的服务。 包括： ◇提供混凝土搅拌设备的施工服务； ◇提供塔吊机械的作业服务； ◇其他未列明的带操作人员的提供施工设备服务。	不包括： ◇仅提供建筑设备，不提供操作人员的服务，列入 7313（建筑工程机械与设备租赁）。
5090	其他未列明的建筑活动：指其他未列明的工程建筑活动。 包括： ◇工程中防声、防尘设施的安装与搭建； ◇建筑围墙、栏的装卸； ◇其他未包括的建筑活动。	

第五章 内蒙古建筑业结构战略性调整

建筑业结构是建筑产业中各类建筑生产关系的总和，对建筑业经济结构的分析，可以深刻揭示建筑产业内外部的各种矛盾和问题，把握建筑产业发展变化规律，从而更好地指导内蒙古建筑业结构的战略性调整。

第一节 建筑业组织结构分析

一、建筑业绝对集中度分析

绝对集中度反映了产业内生产集中状况，是以在市场上列前几位企业的资产、生产或销售额等占整个市场全部企业资产、生产或销售额等的比重来加以表示。本文以 2007 年内蒙古最大的 8 家建筑业企业的产值之和表示的产业集中度指数来分析内蒙古建筑业的市场结构及其行业竞争状况。2007 年，内蒙古前八家建筑企业产值总计 125.5 亿元，同期全区建筑业总产值 681 亿元，由此可得该年度内蒙古建筑业的产业集中度指数（CR8）为 18.4%，根据贝恩标准（表 5 - 1），内蒙古建筑业市场结构为原子型市场结构，表现为建

表 5 - 1 绝对集中度类型的划分（贝恩标准）

类 型	CR4	CR8	该产业的企业总数
极高寡占型	>75%		20 家以内
高度集中寡占型	65% ~75%	>85%	20 ~100 家
中（上）集中寡占型	50% ~65%	75% ~85%	企业数较多
中（下）集中寡占型	35% ~50%	45% ~75%	企业数很多
低集中寡占型	30% ~35%	40% ~45%	企业数很多
原子型	≤30%	≤40%	企业数目极多，不存在集中现象

筑业产业集中度处于较低水平，市场集中不显著，说明内蒙古建筑业中大企业支配市场的能力仍然较弱。

该结论表明，内蒙古有必要实施合理的产业组织政策，推动建筑业的适度集中，重点扶持一批具有一定市场支配能力的"大而强"的龙头建筑企业，提高建筑业整体竞争力水平。同时，对于集中度过高并有部门垄断的建筑业市场，如铁道、隧道等市场，则应鼓励企业进入，提高市场竞争能力。

二、建筑业相对集中度分析

相对集中度反映建筑业市场企业规模差异程度，包括洛伦茨曲线和基尼系数。本章建筑业洛伦茨曲线（图 5-1）横轴表明的是内蒙古建筑业市场中由小到大企业的累积百分比，纵轴表示这些分类企业增加值占内蒙古建筑业全部分类企业总增加值的累计百分比。若所有的承包商企业规模完全相同，洛伦茨曲线是一条均等分布的对角线，反之则是均等分布线下方的一条曲线。衡量分布不均匀程度的指标是基尼系数，在 0~1 之间变动。基尼系数较小时，说明企业规模分布较为均匀；较大时，说明企业规模分布较不均匀；当基尼系数为 0 时，意味着所有企业规模完全相等。

表 5-2 是内蒙古 2007 年度建筑企业按规模划分的数量对比表，根据该表绘制图 5-1。图 5-1 为内蒙古建筑业洛伦茨曲线，可大约计算出内蒙古建筑业企业规模分布的基尼系数接近 0.4，说明内蒙古建筑企业分布较为均匀，企业规模差距较小，企业规模层次性不鲜明。从供给的角度来说，内蒙古建筑业目前过度竞争的主要原因，并不是由于企业数量过多，而是规模结构不合理，企业规模层次没有拉开，大、中、小企业比例不合理，企业平均规模过大和专业化发展严重不足致使建筑企业经营领域相同，过度集中于以总包和单独承包为主的市场，导致竞争格局缺乏层次性。

表 5-2　内蒙古建筑业相对集中度（2007 年）

规模划分	具有建筑业资质等级的承包商			承包商增加值		
	数量（个）	比重（%）	比重累计（%）	金额（亿元）	比重（%）	比重累计（%）
三级及以下	558	71.7	71.7	4.46	31.7	31.7
二级	174	22.4	94.1	8.22	58.5	90.2
一级	46	5.9	100	1.38	9.8	100
累计	778	100		14.06	100	

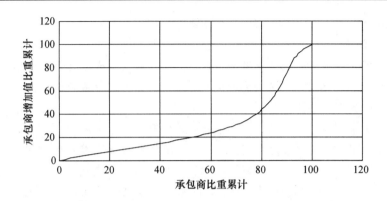

图 5 - 1 内蒙古建筑业洛伦茨曲线 (2007 年)

该结论表明，解决目前内蒙古建筑市场供求关系失衡、竞争秩序混乱的措施的出发点应放在如何合理规范不同规模和类型企业的生存空间和市场行为上，合理调整大中小企业的比例关系，从而形成建筑业的分层竞争格局，达到适度竞争和垄断的均衡状态。

第二节 建筑业市场结构分析

一、建筑业市场产品差异化分析

建筑业的产品差异是施工企业提供产品的能力的差别，由于建筑市场的子市场的不同而不同。建筑市场的子市场有四个：房屋工程市场、大型公共建筑市场、重型工程市场以及专业化工程市场。内蒙古建筑市场的这四个子市场的情况分析如下。

（一）房屋工程市场

当前房屋工程市场占内蒙古建筑业市场份额最大，1979～2008 年的 30 年间内蒙古建筑业企业施工房屋建筑面积达到 47089 万平方米，其中，1979 年内蒙古建筑业企业施工房屋建筑面积只有 467 万平方米，2001 年施工房屋建筑面积达到 2092 万平方米，2008 年为 5168 万平方米，分别比 1979 年增长 3.5 倍和 11 倍。截至 2008 年末，内蒙古具有建筑业资质等级的总承包和专业承包建筑业企业中，房屋工程建筑企业 474 家，占具备建筑业资质等级企业总数的60%以上。内蒙古建筑市场份额主要集中于房屋建筑市场，原因在于这一子市场所要求的必要资本少，进入壁垒低。因此在该类市场上，内蒙古中小型建筑施工企业占据了主要地位，这一类企业数目多，施工能力相差不大，业绩相似，所以这一子市场规模经济不明显，所提供的产品差异较小。

（二）大型公共建筑市场

该类市场主要包括较大跨度厂房、高速公路、大中跨度桥梁、码头、大型体育场馆以及机场等工程。目前内蒙古在该类市场中涉及的领域主要有铁路、道路、隧道和桥梁工程，共有建筑企业94家，仅占内蒙古有资质建筑企业的12%，且基本以行业垄断为主。内蒙古建筑业在该市场薄弱的主要原因是这一子市场规模经济明显，要求的必要资本高，进入费用较高，对建筑企业的技术和管理水平要求较高，所以在大型公共建筑市场内，现阶段的骨干力量仍是以行业垄断的大型施工企业为主，这些企业在争取获得项目的过程中，企业的业绩、实力的作用占据了重要地位，代表了企业提供建筑产品的能力。所以，与房屋工程市场相比，这一子市场所提供的产品差异较大。

（三）重型工程市场

该类市场主要包括核电站、隧道、大桥、港口工程、海洋工程和水利工程等，目前内蒙古在该类市场中涉及的领域主要有水利和港口工程，共有建筑企业26家，仅占内蒙古有资质建筑企业的3.3%，市场份额特别稀少，其原因主要在于这一子市场政策限制严格，具有更高的进入壁垒，因此，所提供的产品差异非常明显。由于该建筑市场需要大量专业技术人员、大型专用设备、特殊的工程管理经验以及良好的专业工程业绩，该市场一直处于垄断或寡占局面，很少有市场外的一般建筑企业涉足。

（四）专业化工程市场

专业化工程市场内部按照技术复杂性可再细分为三类市场。第一类是简单技术专业化工程市场，包括土方工程、脚手架工程、一般混凝土工程、砌筑工程、门窗工程、拆除工程等；第二类是较高技术专业化工程市场，包括装饰工程、排水工程、暖通工程、电气工程、地基基础、防水工程等；第三类是与电子、自动化等领域具有交叉性的专业化市场，如通信工程以及楼宇自动化工程等。这三类市场的差异程度依据技术复杂程度、市场竞争对手情况、工程服务交易方式的不同而有所不同。目前内蒙古的专业化工程市场中架线和管道工程建筑企业29家，建筑安装业建筑企业79家，建筑装饰业建筑企业34家，占内蒙古具备建筑业资质等级企业总数的18.3%，所占比例仍然较小。

二、建筑业行业壁垒现状分析

（一）建筑业进入壁垒分析

就内蒙古建筑业的实际情况看，进入壁垒主要表现为必要资本壁垒、绝对费用壁垒和政策法规壁垒。

1. 建筑业必要资本壁垒分析

目前，内蒙古建筑业的资本进入壁垒并不高，主要原因：一是内蒙古建筑业主要以提供劳务为主，资本密集性低；二是内蒙古建筑业涉及领域主要以中低端住宅及市政工程为主，这决定了建筑企业对机械设备及厂房等开工所必需的自身投入的固定资产不高，其在总资产中的比例要远低于一般的工业行业；三是目前内蒙古建设单位普遍实行预付款和进度付款制度，这使建筑企业生产经营活动过程所必须投入的自有流动资产低于一般的工业企业。内蒙古建筑业必要资本进入壁垒低，必然会吸引大量规模有限、资金相对较少、技术人员和管理人员不足的企业进入到建筑市场，这是内蒙古建筑业集中度较低的重要原因。

2. 建筑业绝对费用壁垒分析

绝对费用是指与新企业相比，在位企业主要有以下几方面的优势：对原材料的排斥性占有、对专利技术的占有、对技术和管理人员的占有等。

原材料排斥性占有。目前内蒙古生产及销售水泥、钢筋及各种构配件建筑原材料的企业数量非常多，因此内蒙古建筑业基本不存在原材料排斥性占有。

专利壁垒。专利壁垒对内蒙古大多数建筑企业的保护作用很小，主要原因：一是建筑技术具有典型的面向单件建筑产品的特性，许多针对某项工程研究的新技术在新的工程中应用概率并不大。二是内蒙古建筑业劳动力资源丰富且价格低廉，因此企业更愿意用劳动力替代专利产品。三是内蒙古对建筑技术的专利意识较淡薄。2007年内蒙古建筑技术专利授权数仅占成果登记数的15%。而已应用成果却占成果登记数的58%。四是内蒙古科研机构普遍采取向国家有关部门登记成果并推广应用的做法，申请专利方法不普遍。五是建筑技术的易传播性使建筑企业可以很低的成本学到新技术，并不需要出资购买专利产品，使专利申请者不易从使用新技术中获得收益。

技术和管理人员占有壁垒。内蒙古建筑业对技术管理人才的总体需求较低。2007年，内蒙古建筑业工程技术和管理人员两者合计占从业人员总数不足10%，而操作人员占总数的近90%，可见内蒙古38.62万建设大军仍然是一支劳动密集型队伍。但在建筑业内部，不同规模企业的技术管理人才分布很不平衡，绝大部分技术管理人才集中于大型建筑企业，而中小型和劳务型企业中这两种人才的比例非常低。说明大型建筑业中具有较为明显的人才聚积效应。目前内蒙古很多低资质企业升级的难度不在于企业产值和资产的不足，而是无法达到资质标准中对技术管理人员的数量要求。这说明由人才壁垒形成的阻碍作用对于高资质建筑企业较为明显。因此在制定建筑业企业资质等级时，将管理和技术人员数量作为一项重要标准，对于构筑有层次的竞争格局有重要作用。

在内蒙古劳务型的建筑队伍中，初中以下学历达 80% 以上，大专以上不足 1%，高级技师和技工仅为 3% 左右，建筑产品生产一线的操作人员 90% 以上是农民工，说明内蒙古劳务型建筑企业的人才壁垒作用非常小。劳务型队伍的操作人员的素质是工程质量和安全的直接影响因素。由于劳务层的人才壁垒很低，如果不加以限制，很多技术水平低、专业人才匮乏的企业很容易进入到建筑行业来，这将给工程质量和安全带来巨大隐患。因此要加强劳务型建筑公司队伍的要求，适当提高企业进入的人员门槛。

3. 建筑业政策法规壁垒分析

资质管理壁垒。建设部颁布的《建筑企业资质管理规定和等级标准》是内蒙古企业进入建筑业最主要的政策法规壁垒。

地方和行业保护壁垒。由于条块分割，许多地方政府和行业主管部门实行行业垄断，使内蒙古一些有实力的大型企业在行业和跨地区承揽工程中困难重重。这类壁垒主要对内蒙古大型企业有较大影响，其结果将使处于过度集中的内蒙古中低端建筑市场的大型企业不能通过市场机制顺利转移，形成内蒙古建筑业内部过度竞争。

（二）建筑业退出壁垒分析

内蒙古建筑业的退出壁垒构成因素主要包括：沉没成本壁垒、固定成本壁垒、资产和债务壁垒、行政干预壁垒、政策性壁垒。以上壁垒多以国有建筑企业为主，因此国有建筑企业退出壁垒要比股份制、私营和合资企业高。截至 2006 年末，内蒙古 99% 的建筑业企业完成了由国有和集体企业向股份制和民营性企业的改制和过渡，现在内蒙古建筑企业已基本以非国有化为主体，因此目前除拥有沉没成本较高的建筑企业退出壁垒较高外，内蒙古建筑企业总体退出壁垒并不高。

（三）壁垒分析结论

上述分析可以看出，内蒙古建筑业的行业进入壁垒较低，而退出壁垒除国有企业及一些具有较高沉没成本的企业外，整体的退出壁垒并不高。当前内蒙古正处于城镇化、工业化快速成长期，建筑业的市场容量正在逐年扩大，在建筑业行业壁垒进入较低的现实下，必将使众多良莠不齐的企业快速进入内蒙古建筑市场，其结果将导致内蒙古建筑业生产能力相对过剩、不良市场竞争加剧，产业集中度进一步降低。因此在此阶段，政府相关部门应尽快制定一套完整有效的确保公平竞争的市场规则、合理的准入清出制度，从而有助于完善总分包体系，推动产业内分工协作的承包方式的实施，以尽快培育出有效的市场竞争环境，促使不同类型企业成为平等竞争的市场主体，最终达到产业集中度明显提高，专业化企业与综合性企业比例趋于合理，市场供求状况趋于平衡。

第三节 建筑业专业结构分析

一、建筑企业专业类型

2001 年制定的建筑企业资质标准为 12 个总承包、60 个专业型及 13 个劳务型，共 85 个类别，表 5 - 3 列出了部分专业名称。

表 5 - 3 建筑企业类型划分情况表

施工总承包	专业承包		劳务分包
房屋建筑工程	地基与基础工程	电子工程	木工作业
公路工程	土石方工程	桥梁工程	砌筑作业
铁路工程	建筑装修装饰工程	隧道工程	抹灰作业
港口与航道工程	建筑幕墙工程	公路路面工程	石制作
水利水电工程	预拌商品混凝土	公路路基工程	油漆作业
电力工程	混凝土预制构件	公路交通工程	钢筋作业
矿山工程	园林古建筑工程	铁路电务工程	混凝土作业
冶炼工程	钢结构工程	铁路铺轨架梁工程	脚手架作业
化工石油工程	高耸构筑物工程	铁路电气化工程	模板作业
市政公用工程	电梯安装工程	机场场道工程	焊接作业
通信工程	消防设施工程	机场空管工程及航	水暖电安装作业
机电安装工程	建筑防水工程	站弱电系统工程	钣金作业
	防腐保温工程	机场目视助航工程	架线作业
	附着升降脚手架	港口与海岸工程	
		铁路电气化工程	

资料来源：建设部建筑管理司《资格管理文件选编》。

二、综合性和专业性企业比例结构现状分析

截至 2008 年末，内蒙古具有建筑业资质等级的建筑业企业中，施工总承包企业 615 家，专业承包企业 163 家，劳务分包企业 98 家（图 5 - 2）。与此同时内蒙古建筑业逐步拓宽服务领域，形成了门类齐全的建筑业行业体系，截至 2008 年末，具有建筑业资质等级的总承包和专业承包建筑业企业中，房屋工程建筑企业 474 家，占全部建筑企业 63.4%；铁路、道路、隧道和桥梁工程建筑企业 94 家，占全部建筑企业 12.6%；水利和港口工程建筑企业 26 家，仅占全部建筑企业 3.5%；工矿工程建筑企业 11 家，占全部建筑企业 1.5%；架线和管道工程建筑企业 29 家，占全部建筑企业 3.9%；建筑安装业建筑企业 79 家，占全部建筑企业 10.6%；建筑装饰业建筑企业 34 家，占全部建筑企业 4.55%（图 5 - 3）。虽然改变了过去较为单一的产业结构局面，但从中仍可直观看出：施工总承包队伍还是占绝对多数，房屋工程建筑企业占绝对优势，内蒙古建筑业专业结构失衡问题依然严重。

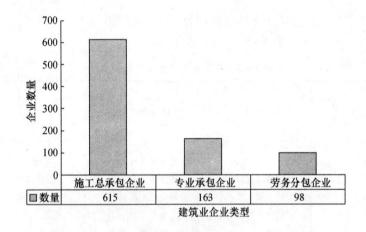

图 5 - 2　内蒙古建筑业企业类型数量对比（2008 年）

内蒙古建筑专业性企业发展不足主要原因在于：一是内蒙古建筑业企业组织总体呈现"大而全、中而全、小而全"的特点，专业化水平发展先天不足。二是二级（分包）市场发育不完善，2007 年，内蒙古以综合承包为主的土建企业增加值为 227.12 亿元，占所有类型的建筑企业增加值的 95.7%，而安装、装饰等专业化企业完成的总产值只有 9 亿元，占 3.8%，这说明内蒙古

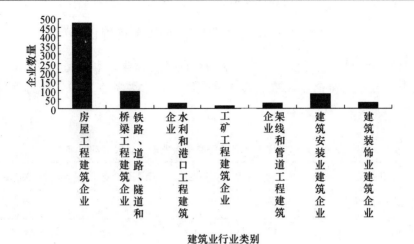

图 5－3　内蒙古建筑业企业行业类别数量对比（2008 年）

建筑业专业化发展水平比较低，良好的建筑市场总分包协作机制还没有建立起来，专业化企业发展的市场不够广阔。三是专业性企业地位不高。内蒙古建筑市场中普遍存在综合性承包商凭借其在市场分工中的上游地位，盘剥专业企业的行为，导致专业性企业利润率水平过低。市场地位和利润水平不高造成大多数潜在进入企业将市场定位于总包和综合承包市场，而不是专业承包市场。这是专业性企业发展不足的一个重要原因。

上述结论表明，综合性企业过多，专业性企业发展不足，是综合性企业市场过度竞争的重要原因，最终影响内蒙古建筑业实现有层次的竞争格局的形成，建筑业由于专业化和分工协作带来的规模经济效益也就无法得到发挥。因此如何制定保护和扶持内蒙古专业化施工企业的对策就显得非常重要。

第四节　建筑业经济类型结构分析

近年来内蒙古建筑业国有经济逐渐退出，非公经济逐步增多，已形成多种经济成分并存格局。本文按照不同经济类型企业的产权特点将考察对象划分为三类，即国有、集体以及其他经济类型企业。

一、内蒙古建筑业不同经济类型企业基本状况比较

从平均规模、生产效率、技术能力反映各类企业基本状况。这里应用平均企业产值、平均企业人数、人均产值以及技术装备率反映这几方面状况（见表5－4）。

表5－4　内蒙古建筑业各经济类型企业基本状况（2007年）

经济类型	所有企业	国有企业	集体企业	其他经济类型企业
企业单位数（个）	734	18	11	705
从业人员（万人）	38.62	3.88	0.22	34.52
建筑业总产值（亿元）	681.10	76.64	2.53	601.93
平均企业产值（亿元）	0.93	4.26	0.23	0.854
平均企业人数（人）	526	2156	200	490
劳动生产率（元/人）	99341	115793	113474	65971
技术装备率（元/人）	9846	8856	4526	7937

如表5－4所示，三类企业中国有企业平均规模要远大于其他两类企业，在生产效率以及技术实力方面具有一定的比较优势，因此在高等级、技术性强和风险大的项目中内蒙古国有企业仍具有竞争优势；集体企业各方面指标都是最低的，说明集体企业的平均实力最弱，因此大多数集体企业应该依靠灵活的经营机制、包袱小等优势将市场目标定位于住宅等中低等级项目的市场；其他经济类型企业平均实力居中，但该类企业既包括由一些效益良好的国有企业改制形成的实力较强的股份制企业，也包括一些资金和技术实力较弱的私营企业，因此其市场布局很分散。

二、内蒙古建筑业不同经济类型企业效益状况比较

从企业盈利和财务状况反映各类企业的效益状况。这里应用产值利润率、资产负债率指标表明这方面状况（见表5－5）。

表 5-5 内蒙古不同经济类型建筑企业效益状况（2007 年）

经济类型	所有企业	国有企业	集体企业	其他经济类型企业
产值利润率（%）	5.2	1.5	1.9	2.8
资产负债率（%）	61.2	74.3	68.0	60.0

如表 5-5 所示，三类企业中国有企业的效益状况最差，其他经济类型企业效益状况相对最好，集体企业居中，说明其他经济类型企业表现出很好的市场适应能力。2000 年内蒙古建筑业企业产值利润率为 1%，到 2007 年三类企业的产值利润率并未有显著提高，其原因主要在于居高不下的应收工程款对企业的资金运用形成极大的障碍，如 2005 年度，内蒙古建筑业企业应收工程款达 90 亿元，使企业背负巨大资金压力，蚕食本该企业所得的利益，长期制约建筑企业发展，这是目前内蒙古建筑业亟待解决的问题。

上述结论说明，国有企业具有规模和技术优势，集体企业具有经营机制灵活、资产投入小的优势，而其他经济类型企业兼具二者的优势，并具有治理结构明晰优势。因此内蒙古建筑业产业组织结构调整的重要目标还是继续逐步实现"国退民进"，建立以非公有制企业为主体，少数大型国企及上市的股份制公司为骨干，同时适应县域生产力发展水平的集体所有制为补充的经济类型结构，进而提高市场竞争活力和产业内部资源的合理分配。

第五节 建筑业产业布局结构分析

一、建筑业行业布局结构分析

2007 年内蒙古建筑业总产值 681.1 亿元，其中房屋工程建筑业产值 438.7 亿元，土木工程建筑业产值 212.3 亿元，两项合计占总产值的 95.6%，建筑安装业产值 22 亿元，占总产值的 3.23%，建筑装饰业产值 2.31 亿元，仅占总产值的 0.34%。

上述数据表明内蒙古建筑业行业布局极端不平衡，绝大多数产值由建筑业内的中低端行业生成，建筑业的高端行业难于参与。其原因主要在于内蒙古建筑业企业规模层次远未拉开，小企业居多、具有竞争力的大企业偏少，缺乏竞争优势，还是以建筑劳务输出为主要手段，在开放的市场上承揽标志性产品的难度较大，更难以跨省区参与竞标，致使市场份额逐渐缩小，即使是房屋和土木工程这一领域也只局限于中低档次的工程，由于市场空间的狭窄，因此，发展势头远远滞后于东部沿海地区。近几年内蒙古固定资产投资主要投向交通、电力等基础设施以及重点工业的技术改造，2007 年内蒙古煤炭、电力、交通运输业投资三项合计占城乡 50 万元以上项目固定资产投资已超过 40%，但投资额较大的电力、铁路、重点高速公路和高档次的住宅楼项目大部分由区外企业承建，建筑业增加值中相当一部分的份额由区外企业拿走，而内蒙古企业在区外完成的产值不足 10%，截至 2007 年内蒙古在外省完成的建筑业总产值 63.72 亿元，只占建筑业总产值的 9.4%，而同期江苏省、浙江省所占比重都达到 40% 以上，明显高于内蒙古。综上所述，目前内蒙古建筑业以房屋工程为主的企业资质面较窄的矛盾极为突出，这使得内蒙古招标承揽较大建设项目空间非常有限，如果不尽快实施行业结构多元化的策略，未来内蒙古建筑业行业布局结构不平衡问题将越发显著。

二、建筑业区域布局结构分析

2007 年内蒙古建筑业完成总产值 681.1 亿元，比 2006 年的 12497.6 亿元增加 22.9%，内蒙古十二个盟市建筑业产值及基本情况见表 5 - 6，可以看出，内蒙古呼包鄂地区及东部的赤峰市建筑业实力较为突出，无论是产值还是在吸纳就业劳动力方面均远高于其他盟市，这四市的建筑业产值总和加起来占内蒙古建筑业总产值的 76%，占据了内蒙古建筑业的大部江山，处于内蒙古建筑业的第一层次中。从表中可以直观表明，建筑业活跃的地区，其带动的社会效益和所担当的社会职责与其建筑业所获得的经济效益是相辅相成、互相促进的。根据排名，处于第二层次的是呼伦贝尔市、通辽市、巴彦淖尔市，这三市的建筑业产值总和加起来占内蒙古建筑业总产值的 15.27%，不及第一层次中一个市的年产值。处于第三层次的是兴安盟、锡林郭勒盟、乌兰察布市、乌海市、阿拉善盟共五个盟市，这五个盟市的建筑业总和加起来仅占内蒙古建筑业总产值的 8.75%，远远不及第一层次中一个市的年产值。根据表 5 - 6 及其分析，可以看出内蒙古建筑业区域布局分化明显，第一层次的实力无论是对经济的贡献上还是在社会效益上远远强于第二、三层次，今后，内蒙古建筑业在发展布局上应重点突出，把握一般，集中力量在建筑业活跃地区培育建筑业龙头、特级企业，以对内蒙古建筑业起到突出的引领作用。

表 5－6　内蒙古十二个盟（市）建筑业产值及基本情况（2007 年）

序号	地区	产值（亿元）	占总比例（％）	企业个数	比例（％）	从业人数（人）	比例（％）	平均企业规模（人/公司）
1	呼和浩特市	140.35	20.60	154	19.72	93797	24.15	609
2	包头市	108.68	15.96	95	12.16	50560	13.02	532
3	呼伦贝尔市	32.53	4.78	74	9.48	29798	7.67	402
4	兴安盟	8.02	1.18	19	2.43	5365	1.38	282
5	通辽市	40.42	5.93	60	7.68	17243	4.44	287
6	赤峰市	121.59	17.85	133	17.00	117162	30.17	881
7	锡林郭勒盟	13.08	1.92	29	3.71	8023	2.07	276
8	乌兰察布市	15.00	2.20	36	4.61	7361	1.90	204
9	鄂尔多斯市	145.55	21.37	90	11.52	28760	7.40	319
10	巴彦淖尔市	31.05	4.56	53	6.79	15080	3.88	284
11	乌海市	20.22	2.97	30	3.84	11340	2.92	378
12	阿拉善盟	3.30	0.48	8	1.02	3864	1.00	483
合计		681.10	100.00	781	100.00	388353	100.00	497

第六节　建筑业结构战略性调整的方向和对策

一、完善建筑产业体系，壮大产业规模

（一）加强产业平台建设，完善产业体系

突破目前以房屋建筑为主的局限，横向拓宽产业领域，纵向拉长产业链，在巩固、提高传统产业平台的基础上，积极拓展和构建中高端业务平台（市政基础设施、道路桥梁与大型公共建筑）、新兴产业平台（房地产开发、新型建筑保温和环保材料、太阳能利用设备等），鼓励有条件的企业实行多元化经营，依托房建主业优势向房地产领域、高新技术产业、第三产业等高盈利产业延伸，向建筑设计、建材等产业上下游发展，形成完整的产业链。积极发展咨询服务体系，支持有能力的工程勘察、设计、监理、招标代理、造价咨

询等企业拓宽服务领域。培育和规范工程质量检测、信息咨询等中介服务机构，发挥中介服务功能。

（二）培育大型企业集团，提高产业集中度

鼓励和支持骨干建筑业企业开展资本运营，以资产为纽带，通过改组、联合、兼并、股份合作等多种形式，形成一批综合实力强、资产规模大、社会信誉好的集科研、设计、开发、施工及多元化经营为一体的大型建筑企业集团，培育发展一批具有综合管理能力的工程总承包企业和项目管理公司，形成一批能与国内大承包商抗衡并在国内工程承包市场上有一定影响的知名企业。积极推进建筑业企业规模扩张与内引外联，鼓励区外大型知名企业（集团）收购、兼并或参股区内建筑业企业，实行跨地区、跨行业的资源整合。

（三）完善建筑业扶持政策

振兴发展建筑业需要各级政府的政策支持，尤其在鼓励企业做大做强、提升建筑企业资质、积极引导和鼓励外地建筑业企业来内蒙古落户创业等方面，要适时调整和完善相应扶持政策，在资质升级、增项和企业登记注册等方面加大政策支持力度。

（四）强化职能部门的服务意识

行业主管部门要尽快构建完善行业发展的信息平台，为企业开拓市场、寻求商机提供实时、动态、网络化服务；定期召开建筑业发展形势分析会，为企业出谋划策，排忧解难；各级财税部门进一步完善税收征收办法，在税法许可的范围内，给予建筑业企业更多的税收优惠，进一步增加企业的实力；各金融机构在建筑企业申请信贷授信额度等方面提供更多的便利条件。

二、优化产业组织结构，提升产业竞争力

（一）调优企业规模结构

精简总承包企业数量，合理调控专业承包企业数量和类别，大力发展劳务分包企业，逐步形成施工总承包、专业承包和劳务分包分层协作的竞争格局。每年淘汰5%左右的小、劣、差企业，每年扶持3~5家晋升一级资质、20~30家晋升二级资质企业，3~5年内再扶持1~2家企业晋升特级资质。经过几年发展，促使内蒙古专业化企业和劳务型企业总数与综合性企业数量之间的比例达到2.5∶1的比例水平。拉大不同资质等级总承包企业数量的差距。一级企业占总承包企业数量限制在3%~5%，二级企业控制在25%~30%，三级企业控制在70%左右，扶持一批具有国际竞争力的大型建筑企业，

在一级建筑企业中培养 3~4 家左右的总承包特级企业。

（二）做强总承包企业

鼓励大企业利用资金、技术、人才等优势，实行跨地区、跨行业收购、兼并、重组，实现集团化经营，逐步形成一批具有带动力、聚集力和竞争力的工程总承包企业，提高产业集中度。在申报资质、"评优评杯"和开拓市场等方面，加强对有竞争实力、市场潜力和有较大规模的总承包企业的扶持和引导，创造有利于内蒙古重点骨干企业或企业集团快速成长的外部环境。定期在内蒙古范围开展建筑业重点企业评优活动，表彰奖励一批现代企业制度健全、经营管理水平高、技术创新能力强、在区内外市场具有明显竞争优势的建筑企业。

（三）构建合理的专业承包企业群体结构

强化专业承包企业现有专业技术特长，调优专业承包企业结构，引导专业承包企业向"专、精、特、高"方向发展，向填补市场空白、符合国家产业发展方向的领域发展，重点发展建筑智能化、消防设施、建筑装饰装修、建筑幕墙等设计与施工一体化，以及钢结构、电子工程、电信工程和环保工程等经营特色明显、市场前景广阔、具有拉动消费能力的专业承包企业，重点支持有一定规模的专业承包企业向专业工程设计与施工一体化、专业化方向发展，做专做精，尽快成为技术密集型的专业承包企业，逐步形成种类齐全、数量合理、突出专业技术，技术密集型的专业承包企业群体结构。

（四）大力发展劳务分包企业

鼓励无建制的劳务群体向有建制的企业转化，支持房屋建筑总承包三级企业转为劳务企业。加强建筑劳务输出的组织化管理，建立建筑劳务输出基地，加强与区外建筑劳务大市场、建筑劳务用工大企业的联系，定期开展建筑劳务输出推介活动，有序推动农村牧区富余劳动力向建筑业转移。加快建立劳务人员实名制管理体系，规范企业用工行为，推动劳务企业规范化发展。

三、加大产业结构调整力度，提高建筑企业市场适应力

（一）调整产业经营结构

企业资质可以按照市场需求进行调整，引导建筑业企业向多元化经营发展。鼓励企业以"投资换市场、兼并换市场"等方式，向房地产、建材生产、设备租赁、技术研发、服务业等领域发展，延伸产业链。鼓励具有勘察、设计、施工总承包等资质的企业强强联合，进行跨地区、跨行业重组，向工程总承包和项目管理公司发展。

（二）调整行业布局结构

扶持有能力的企业在"突出主业"、加强房屋建设优势的前提下，突破以房屋建筑为主的局限，在扩大房建中非住宅比重的基础上，提升市政、路桥、交通、水利、燃气、矿山、电力、通信等新兴或高附加值的专业工程的施工能力，增强抗风险能力。主管部门在企业申请增项资质时要给予积极支持。

（三）调整产业区域布局结构

研究国家宏观经济形势和建筑市场走向，规划内蒙古建筑业区域发展布局，针对内蒙古建筑业地区发展不平衡的实际情况，制定政策措施，鼓励建筑业发达地区优先发展，培育"建筑之乡"，形成有特色的区域品牌。根据内蒙古东、中、西部建筑业发展现状，在呼包鄂地区及东部赤峰市着力打造总承包企业和专业承包企业，在通辽市、巴彦淖尔市优先发展专业承包企业和劳务企业，在其他地区主要培育劳务企业，优化建筑业区域布局，推动东、中、西部良性互动，形成各区域产业布局合理、优势互补和协调发展的格局。

（四）建立科学、有效的建筑市场准入退出制度

出台《内蒙古建筑市场准入清出管理实施办法》，科学规范地确定市场准入清出控制的对象、控制标准和评价的方法。除企业改制等特殊情况，严格控制房建总承包资质申请，鼓励有利于产业结构调整的企业进入市场，逐步完善单位资质与个人执业资格相结合的市场准入制度，明确执业人员的法律责任和合法权利。

四、拓展区内外市场，加快建筑业由内向型向外向型的转变

（一）引导区内建筑企业开拓区外市场

实行对外出施工队伍的分级分类管理和跟踪服务，制订市场开拓、外出施工的激励政策，积极鼓励内蒙古建筑企业开展区外工程承包和劳务输出，鼓励有条件的企业积极申报对外经济合作经营权，鼓励企业在区外、境外设立分支机构独立承揽建筑工程。积极争取与国际国内大承包商建立稳固长期的合作关系，借助它们的技术、管理、品牌和资金优势，拓展工程承包领域，扩大劳务输出规模，对开拓市场成绩显著的集体和个人给予重奖。财政、金融、建设等部门要从多方面大力支持建筑业企业走出区界国门，拓展市场，重点作好授信额度、投标保函、履约担保、国际工程承包资格、市场信息服务等工作。强化对出区队伍的服务，完善现有驻外建筑队伍管理机构的服务功能，允许在队伍输出较多的省（区、市）、国家和地区设立对外建筑队伍管理机构和建筑业劳务输送服务机构。建设行政主管部门应依托政府驻外办事

机构或设立区域性的专门办事机构，与当地政府构建区域协作关系，为企业参与公平竞争、开拓区外市场提供优质服务。

（二）充分发挥行业协会的桥梁纽带作用

建筑业协会要积极组织企业总结、交流工程项目管理经验，及时宣传、推广好的经验和做法。要深入调查研究，掌握工程项目管理发展动向，注重热点问题和发展趋势的研究，为企业调整经营策略提供参考。要不断拓展与国内外建筑业界的交流渠道，组织企业与国内外企业开展多种方式的交流与合作，支持和指导企业参与国内外建筑市场竞争。

（三）促进各市场主体间的战略合作

优化经营主体结构，推动本地施工企业之间、施工企业和设计单位之间、本地企业与外地企业之间的联合、重组与嫁接，以提升企业的运营规模与实力，推动有实力的企业跨区、跨国经营。

（四）增强建筑业企业区外市场竞争力

内蒙古各建筑业企业要尽快提升自身素质，增强实力，引进资金、人员、设备和先进的管理经验，要充分利用市场开拓地的人力、市场资源，借船出海，借力发展，不断提高市场竞争力。要适应工程量清单计价模式的变革，建立健全企业内部定额体系、采价体系和材料采购体系。要做好应对风险准备，培养风险意识，对目标市场的工程项目、经济风险、市场风险及技术适用性进行认真细致的考察，对企业本身的项目规划、资金调度、人员配置等进行科学的安排，力求从主、客观两方面降低承包工程的风险，提高成功率。

五、推进建筑科技进步，加强人才培养，提升产业素质

（一）加大科技投入力度，鼓励扶持企业研发新技术

鼓励大型建筑企业建立自治区级及以上的企业技术中心，研发具有自主知识产权的专有技术、施工工法；鼓励各类建筑企业与高校科研院所加强科技合作，增强企业自主创新能力；各类建筑企业研究开发新技术所发生的各项技术开发费，可在企业所得税前按实扣除；企业购置开发研制新技术、新产品所需机械设备，享受同级政府工业发展资金项目补助；各地政府设立建筑科技发展专项资金，鼓励企业按每年总产值5‰的比例提取科技发展基金，用于技术开发和科技成果的推广。

（二）建立建筑业节能减排激励机制，大力发展节能省地型建筑

积极争取国家节能减排等科技研发专项补助，对建筑业企业承担的节能减排等科研课题、建筑节能示范项目和预拌砂浆生产使用单位，按照有关规

定给予资金扶持。加强工程建设各个环节的节能专项监管，提高项目建造和使用过程中的节能、节水、节地、节材和环保水平，确保新建住宅和公共建筑全面达到国家提出的节能设计标准。限制落后技术、工艺，淘汰能耗大、效益低、质量差及安全无保障的建筑机具、设备和材料，大力应用和推广建筑节能新技术、新材料、新设备，不断提高建筑节能效益。

（三）加强对建筑业各类从业人员的培养

加强职业经理人的培养和职业化建设，逐步推行职业经理人制度，全面提升企业经营管理人才队伍的素质。抓好专业技术人才的培养，重点抓好以企业总工程师为首的各类专业技术人才的培养，切实抓好注册建筑师、结构师、造价工程师、建造师、监理工程师等各类执业人员和项目经理的知识更新，加强执业资格管理，规范执业行为。鼓励企业通过多种形式开展员工技能培训，切实提高员工的实际操作技能和安全防范意识。完善职工技能培训经费来源渠道，企业可按职工工资总额的 1.5% 提取教育培训经费，计入成本，税前列支，专款专用。鼓励扶持企业建设培训基地，并将其纳入政府培训计划，安排相应培训经费，行业主管部门承认学员培训学历。

六、规范市场行为，完善市场监管体系

（一）加强市场执法监管

加强市场监管机制建设，建立企业自控、社会监督、政府监管的工程质量安全保障体系。构建建筑业行政管理信息平台，健全守信激励机制和失信惩戒机制，形成公平竞争、规范有序的市场环境。加强对建筑市场各方行为主体的监督管理，积极推行工程量清单计价，规范建筑市场承发包行为。加大市场稽查力度，严肃查处盲目降低造价、资质挂靠、违法转包分包等各种违规违法行为。加强外来施工企业的备案管理。健全市场准入、清出机制，规范企业的经营行为。

（二）规范建设工程招投标

创新招投标方式，使招标过程实现公开化、程序化、科学化，实行择优中标。完善网络信息技术在工程招投标活动中的应用，建立项目网上招投标系统。严格招投标代理机构的资格管理，依据《行政许可法》和相关管理规定，对招投标代理机构的人员到位情况、市场行为、工作质量进行实地监督检查。

（三）深化建设工程造价改革

建设完善工程造价信息系统，及时统计并发布各类施工企业的社会平均

成本、工程造价指数及反映社会平均水平的消耗量标准和价格信息，建立健全人工工资定额、消耗标准、工程价格动态调整机制，规范市场计价行为，实施竣工结算备案制度，强化建设工程价款结算管理。建筑业行政管理部门要尽快制定建筑工程"优质优价"实施办法，为工程创优提供支撑。加大规范造价咨询企业和造价从业人员的监督管理力度，采取各项有效措施，建立相应的市场准入、清出制度和信用体系，维护建筑市场秩序和各方的合法权益。

第六章 创新发展建筑文化的重点与途径

建筑文化是一个地域、一个时代风俗、时尚及技术条件在建筑上的反映，建筑体现的不仅是某种技术和形式美，更是一种文化观念，它的文化性处在比它的艺术性和技术性更高的层次。建筑文化能够反映和制约社会的生活模式、价值观念、语言体系和经营机制，属于更深层、更高级层次，它是建筑的灵魂。

第一节 创新和发展建筑文化的背景、作用和原则

一、主要背景

（一）打造民族文化大区的现实背景

建筑文化是人类文化的重要组成部分，是物质文化、制度文化、精神文化、符号文化的综合反映，它随着人类社会的发展而发展，并具有历史性、民族性、地方性等特性。民族文化不仅通过文学、音乐、服饰、饮食等体现，也可以通过建筑而呈现，建筑升华正是由文化才能完成，可以说文化的积淀，才能成就建筑的灵魂。内蒙古特有的蒙元文化，以及汲取的其他外来文化，完全可以而且十分必要通过物质实体——建筑表现出来，通过建筑与文化在某一特定地域中进行完美的结合体现出内蒙古独特的民族文化、草原文化，显示其深邃的艺术魅力。内蒙古在打造民族文化大区的同时，除了在歌曲、舞蹈、曲艺、文学、美术等方面创新外，在地域建筑文化方面的突破和创造，也是打造民族文化大区的重要途径。通过有文化特质的建筑设计，在运用钢筋、水泥的同时，将民族文化的思考和理解融合进独具特色的建筑中，从而谱写出高品质的建筑乐章，将建筑和城市文化合理地结合在一起，

将地域有别、民族差异、文化背景等不同因素反映在建筑上，形成独具特色的建筑文化。

（二）当代建筑多元化的发展趋势

未来内蒙古建筑文化的发展趋势，是顺应当代建筑全球化和多元化，世界的丰富多彩和多样性是事物发展的客观规律，全球化趋势成为世界文化多元化发展的内在动因，二者是矛盾统一的。一方面，强势文化以"普及"的面目在全球流通；另一方面，同质化、统一化的状态激发了人们对多样性、差异性、个性的需求，以及维系自身民族文化特色的强烈愿望。体现在建筑创作领域，建筑的现代性与区域性、建筑的民族特色延续，将成为不可忽视的两个方面。

（三）内蒙古进入大规模城市建设新时期

随着经济社会持续快速的发展，内蒙古城市规划、建设、管理也进入了新的历史时期。在 21 世纪头 8 年，内蒙古城镇化率从 42.7% 提高到 51.7%，经历着城镇发展最快的历史时期，建造了一批具有民族文化特色的建筑，形成了别具风格的城市文化建筑，这些建筑在一定程度上展示了内蒙古的草原文化。但是，内蒙古建筑领域依旧处于发展弱势，缺乏像新疆人民大会堂、西藏博物馆、贡嘎国际机场等享誉国内外的少数民族文化建筑，更没有像日本的东京帝国饭店、流水别墅等草原式住宅，充分表现蒙古包文化特色的国际优秀建筑精品。因此，如何使内蒙古城镇远离呆板、混乱、拙劣之弊，使城镇风貌朝着规划控制的方向发展，是今后内蒙古建筑文化研究的重要内容。近年来，一些盟市开始实施文化强盟、文化塑市战略，取得了突出成绩，积累了宝贵的工作经验。如乌兰浩特市开展城市文化定位研究工作，通过挖掘和研究本地区历史文化资源，将城市文化定位为"蒙元文化园林城市"，并对无形文化资源作了有形的物化探索，提出了"实现蒙元文化园林城市的十二条行动计划"。另外，鄂尔多斯市提出大文化，并以"小康文化工程"等四项文化工程统揽文化工作全局。赤峰市提出要充分利用历史文化资源，实施文化兴市。呼和浩特市提出建设有浓郁民族特色的首府文化，着力打造昭君文化节品牌。这些成绩、经验和思路是重要的文化积累，也是建设民族文化大区的文化资源优势。

二、重要作用

（1）建筑文化对经济发展的影响。建筑文化是文化的外在表现形式之一，在一定层面反映了一个地区特定的人文历史境遇，它承载、凝固着社会文化、历史文化、民族文化、地域文化、政治文化等，构成了这个地区基本的人文特色。良好、健全、完善、富有特色的城市建筑文化是城市景观形象的有力支撑，也是区域经济发展的特色文化资源之一。建筑文化最直接、最强大、最深远的影响与贡献是对城市品牌的塑造，形成独具魅力的城市性格和灵魂，打造城市品牌这一独特的无形资产，创造着更大的城市价值，以建筑文化所体现的城市特色和城市吸引力为依托，利用地域文化资源为经贸服务，带动经济起飞。可以说，建筑文化通过对城市品牌的塑造很大程度上决定着城市价值，而城市价值和城市品牌才是地区经济发展的核心竞争力。内蒙古通过建筑产业文化的振兴可以有效地解决人口与资源、环境与发展的问题，也可以带动地区经济的发展和社会的进步。

（2）建筑文化对社会发展的影响。文化不仅促进经济发展，也是推动人类社会由低级向高级发展的动力。内蒙古建筑文化可以综合体现出过去与现在的创造能力和居民的归属感，有利于提升城市的品位和知名度，增加城市的吸引力和辐射带动力。城市建筑文化会通过对人类思想和情趣的净化，对心理及行为的渗透影响市民的素质。生活在一个健康的城市建筑环境中，可以使人身心愉悦，安居乐业，发挥出最大的工作潜能，为城市发展贡献力量。同样，良好的城市建筑文化也有利于保持社会稳定，缓解各阶级的矛盾，加强凝聚力，促进人们之间的沟通和交流，为城市发展节省社会成本。

（3）建筑文化对城市发展的长远影响。建筑全息反映城市精神，建筑文化是城市文化的重要载体，是城市历史文化的延续和传承，能够塑造城市个性，彰显城市的无穷魅力。一座城市的精神气质和发展征候与其建筑文化的整体面貌有着极为密切的关联。建筑文化决定着城市文化，城市文化支撑着城市品牌，城市品牌创造着城市价值。把各民族优秀的传统文化发扬光大，借助建筑载体刻录在城市里，是留给后人的一笔"永续"财富。正如苏联美学家鲍列夫所说："人们习惯于把建筑称作世界的编年史；当歌曲和传说都已沉寂，已无任何东西能使人们回想一去不返的古代民族时，只有建筑还在说话。在'石书'的篇页上记载着人类历史的时代。"

（4）为中华民族多元一体格局做出贡献。"中华民族多元一体格局"，共同构成"中华民族大家庭"，各民族的差异和中华民族的共同发展是辩证的统一。在一个多民族国家中，无论是主体民族还是少数民族，都有其独特的传统文化，也都有相互借鉴与吸收的文化内容，同时也都有接纳与吸收世界优秀文化的内在动力。内蒙古建筑文化在担负人类共同文化成果传递功能的同时，不仅要担负起传递本国主体民族优秀传统文化的功能，同时也要担负起传递本地区少数民族优秀传统文化的功能，并为我国的文化繁荣贡献力量。

（5）突出当代地域性建筑文化特色。建筑本身就是人类文化的载体，建筑创作与社会的物质文化、精神文化以及介于这两者之间的艺术文化，都有着密切的联系。对科学、技术、艺术以及民俗、宗教、哲学等各文化领域、各文化层面关注越多，建筑创作的文化视野也就越开阔，在建筑创作中的思路和手法也就越有可能具有多样性、适应性和识别性。从地域性建筑的本质特征入手，突出当代内蒙古建筑文化特色，使之成为指导内蒙古地区建筑创作的行动纲领，形成适合内蒙古的当代地域建筑风格。

三、基本原则

以传统文化为基础，以草原文化为依托，以蒙元文化为核心，促使建筑和城市发展趋向民族本色的回归，力求将内蒙古建筑业打造成具有鲜明民族文化特色、传统与现代融合的符合时代发展和市场经济规律的建筑文化。在建设上，要适应当地气候，维护自然生态环境平衡，运用当地技术，体现可持续发展。要立足于内蒙古民族传统文化的基点，吸收未来建筑文化的精华，建设具有内蒙古特色的现代建筑。

（1）保护民族文化多样性原则。加大对建筑文化多样性的保护力度，多样性的保护是文化传承与开发的基础。承认差异，尊重个性，在强调多样性的前提下，抓住共同点，抓住规律，推动建筑文化的健康发展。

（2）继承和发展相结合原则。在继承和发扬优秀文化的基础上，要推陈出新，革故鼎新，吸收精髓，保持特色，实现建筑文化传承与发展。

（3）和谐与开放原则。大胆借鉴和吸收古今中外的一切优秀文明成果，立足文化和谐、整合内蒙古现有文化资源、吸收一切文化要素，各展所长、互为延伸，以开放的思维来推动内蒙古建筑文化体系的构建。

第二节　存在的主要问题

一、主题意识模糊，城市建筑文化品位不高

城市建设起点低、设施差、功能弱、风格雷同、文化品位不高等缺陷不

同程度地存在，造成建筑文化的趋同，导致众多城市特色的消失和千城一面的现实，也给内蒙古城镇的改造带来很大的困难。城市作为人类群体居住的场所，不仅要有完善的生产生活设施、整洁优美的环境，更应该具备基于本地区社会历史文化的风格特点和文化品位。这是城市的灵魂和魅力所在，也是城市可持续发展的根基所在。内蒙古地域辽阔，资源丰富，经济发展仍处在欠发达阶段，其城镇建设，从东到西，基本上还没有脱离 20 世纪六七十年代以来形成的风格单调、外形简单、一般化的建筑模式，既没有相应的城市文化定位，更缺乏科学而长远的规划，造成城市面貌没有地区和民族特点，严重地影响着地区形象和地区经济的发展。

二、建筑文化积淀薄弱，文化延续观念差

一方面我们在建设过程中建造了大量一般化的建筑产品，另一方面又在摧毁许多优秀的历史建筑。城市的发展与建筑是一个整体，如果失去了城市赖以自豪的历史建筑，我们对城市发展的认识就缺乏形态的佐证。一座城市建造或者将要建造什么样的建筑，选择什么样的建筑师，什么样的建筑风格和形式，甚至建筑的高度和密度，建筑与城市空间的关系，建筑与人的关系等，都是城市和社会的缩影。优秀的建筑需要全民的扶植和培育，需要全民的呵护，善待城市，爱护我们这些经历了近千年发展演变的城市，爱护建筑，尊重建筑师，尊重文化，尊重艺术。不应将我们的城市，将历史街区，将城市中的建筑看作是积累资本的掠夺对象。历史告诉我们，城市和城市文化的积淀与资本的积累是同时形成并完善的。任何城市的演变都是城市的历史引入新元素、新精神的作用。城市的历史和历史建筑应当是我们的资源，城市的特色，而不应当看作是城市建设的障碍。

三、城市建造成本增加，资源浪费现象严重

近 30 多年来，随着城镇化速度的加快，内蒙古建造的建筑产品比较多，但优质工程建筑却不多，一般短命建筑较多。一方面，在建新颖别致的建筑工程；另一方面，又在拆那些不合格建筑和平庸建筑，造成了包括建筑材料、人工成本、建设能源等直接成本和其他间接成本的大量浪费。市政公共设施供暖管线、供水管线、煤气管线铺设规划不统一，盲目建设情况严重，开挖、填埋随意，造成"拉锁路"经常出现，不但导致城市建设成本大量增加，而且影响百姓生活质量、有碍城市交通环境。

四、建筑发展的全社会认知水平有待提高

自 20 世纪 50 年代以来，我们对于建筑的认识水平和对于建筑的欣赏能力急剧下降。由于缺少了美的教育和基本文化素质教育，缺少审美意识，缺少对建筑的理解，于是"暴发户心理"进入建筑领域，表现出低俗的、畸形的审美心理，以高大为美，以奇怪为美，以光亮为美。不少开发商，甚至很多地方的政府领导和主管部门领导也都存在这样一种"暴发户心理"。建筑和城市规划领域中所出现的问题很大程度上并不是建筑师和规划师的问题，而是主管领导和建设方的问题。动辄就想要"标志性建筑"，或者要求"几十年不落后"；盲目追求气派，赶时间、赶"政绩"，盲目攀比，不按科学办事，不给足够的设计和施工时间，粗制滥造；只顾外观效果，不顾使用功能和建筑细部；只顾开发，不顾保护；不懂建筑而又要对建筑设计多方干涉，或者被一些三流设计师画得花花绿绿的效果图所迷惑，凡此等等，这些问题都是因为对建筑的认识水平低而造成的。

五、城市建设和建筑文化领域存在着一定的盲目性

城市老城区改造多没有经过认真论证，大拆大建、献礼工程、面子工程、形象工程等大量存在。造成重速度轻细节，重实际轻文化，重表面轻内容的现象，建筑文化在其他要求下被忽视被淹没。那些被看作能够最大限度地提高土地和不动产价值、增加地方税收、塑造现代化城市形象的消费型项目，如商务中心、购物广场、会展中心等千篇一律地在不同地域以不同形式重复着。在经济利益驱动下，一些部门、资本和市场共同将城市转化为"增长的机器"，对于一块在市场上拥有高交换价值的土地，规划关注的关键要素在于空间的区位、形象等物质性特征，及其对于吸引外资和拉动内需的刺激能力，而空间作为体现市民社会内涵、行使市民权利的重要场所的使用价值和意义却常常被忽视。

另外，各地在城市高速扩展的过程中，盲目建设、随意建设、功能混乱、结构单一、造型呆板的建筑依旧时时出现，严重地损害地域及城市的传统文化系统，过度的商业文化渲染，浮躁功利追求，粗俗的夸张表现，虚假的广告效应等行为依旧泛滥；无视历史文脉，无礼的自尊心态，盲目追求"世界第一"、"中国第一"的所谓业绩表现，不仅劳民伤财，而且导致地域文化的缺失；同时也有部分规划师、建筑师盲目模仿西方大师的"前卫"作品，制造了大量赝品，从而堵塞了自主创新的思维通道。

第三节　创新发展建筑文化的要素源泉

内蒙古不仅具有得天独厚的自然资源，而且有着丰富的历史文化资源和民族文化资源。草原文化历史悠久，内涵丰富，凝聚着世代生活在中国北方草原上的各民族的聪明才智，体现着独特的思想观念、思维方式、宗教信仰、风俗习惯、审美情趣。在内蒙古历史上，游牧文明与农业文明交汇融合，形成了在国内外享有盛誉的红山文化、大窑文化、河套文化、夏家店文化、朱开沟文化等。

一、自然生态的源泉

自然生态环境条件是城镇可持续发展的基础，也是形成城镇风貌特色的基本依据。内蒙古自治区地处亚洲内陆的干旱半干旱气候带，内蒙古总面积118.2万平方公里，主要由视野开阔、平坦起伏的高原、丘陵、中低山组成。日照充足、风多雨少，夏季炎热而冬季严寒，是内蒙古普遍的气候特点。内蒙古自东向西分布着森林、草原、荒漠、河湖湿地等多种生态类型，拥有丰富的木本和草本植物以及野生动物资源。丰富多样的自然生态环境为城镇风貌特色的塑造提供了现实参照，并成为有效的创作源泉。

二、历史文脉的源泉

传承历史文脉是城镇风貌特色的核心内容。在人类文明的发展过程中，内蒙古不仅具有远古人类进化的多处遗址，而且是数千年来众多草原游牧民族兴起和发展的历史舞台。其中有的民族进入中原地区，有的民族远足西方，有的则曾经统一亚欧大陆的广大区域。远至石器、青铜器时代，近至现代文明，都有大量内容独特、风格各异的历史遗存。在中国历史上定都北京的王朝，都一直把内蒙古的广大地域作为通往漠北与西域边疆的通道和基地，大规模的军事、政治、经济、文化活动在内蒙古的众多城池进行。漫长历史长河中形成的多元文化是创新建筑思想的丰厚土壤。

三、民族文化的源泉

民族聚居的地域性决定了城镇风貌特色的民族文化特征。内蒙古自治区是以蒙古族为主体的多民族区域自治区。境内还有达斡尔、鄂温克、鄂伦春三个自治旗和全国唯一的俄罗斯族民族乡。各民族因历史渊源不同，生产生活方式各异，形成了不同的居住习惯和审美视角。研究民居形式，可以探索可持续建筑的内涵，同时也可以发掘出多种多样的建筑特色语汇和符号。草原游牧民族使用了数千年的蒙古包具有抵御风沙寒暑而又安装拆运方便的特点，是人居与大自然的完美结合。制作蒙古包的木条、皮筋、羊毛毡、牛毛绳等全部取之于自然，搭建蒙古包可以不破坏任何自然地貌。蒙古包的形式有古代、现代、民居、宫殿、生产用简易包等多种类型，但总体构造和造型基本一致，都是由圆隆形的顶部、射线状的上部、菱形与浅 S 形相结合的圆圈状周壁等几何图形组成，外形给人以有隆有直、有圆有弧、纯白清爽的直观印象。后现代建筑中大量出现的圆型和曲线型成功之作，往往令人联想到蒙古包的建筑美学潜质及其建筑创新源泉的现实性。在大兴安岭森林中生活的少数民族，可以用最简单的树干、兽皮来搭建帐篷，以适应游猎生产生活的需要，其民居形式也属国内仅有。此外，广泛研究民族特有生产生活用具、文学艺术形式也可发掘出大量的特色素材。

四、外来建筑文化的源泉

不同来源、不同建筑风格相互融合是城镇风貌特色最活跃的创作源泉。内蒙古各民族自古以来就是中华民族多元一体的重要组成部分。历代建造的宫殿、寺庙、民居一直受到中原汉民族建筑形式的影响。内蒙古草原是欧亚大草原的重要组成部分。历史上几次出现过贯通亚欧的草原帝国，促进了大规模东西方经济和文化交流，也必然影响到了建筑。受藏传佛教的影响，内蒙古地区的寺庙大多采取了藏式或藏汉结合的风格建造。"现代主义"建筑在世界各地流行以来，内蒙古也在不同时期受到了国外建筑风格的直接或间接影响。其中计划经济时期出现的过分简约化建筑物数量最多。进入 21 世纪以来，城市规划和建筑设计的科学理论得到普及，建筑创新思想空前活跃，建筑风格的多元化理念对城市风貌的影响越来越大。

建筑文化体系的要素构成如图 6－1、表 6－1 所示：

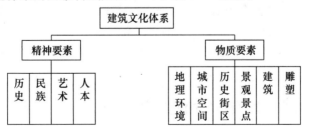

图 6－1　建筑文化体系要素

表 6 - 1   建筑文化要素

要　素		内　　　容
精神要素	文化	现代文化　传统文化　文化交流
	历史	历史事件　民族更替　神话传说　史诗著作
	艺术	民族歌舞　民族花纹　阴山岩画　青铜器
	风俗	民族服饰　美食　祭敖包　那达慕盛会
	宗教	宗教类型　宗教传播
物质要素	自然地理	地理位置　地形地貌　河流　山体　气候现象
	城市空间	空间尺度　空间结构　空间序列　空间元素
	景观轴线	历史街区　特色街区　现代街区
	景观节点	背景建筑　文物古迹　绿地广场　建筑单体　城市标志

第四节　创新发展建筑文化的重点

一、采用融合自然与人文的建筑色调

　　色调能够体现城市的古今风貌，也能反映生活在这个城市的人们对建筑的审美与感情。建筑与城市的色调应根据自然环境和民族文化认同来确定。体现内蒙古的地域特征和民族文化，应以蒙古族偏爱的色调作为建筑和城市的基本选择色调。蒙古族喜欢白色和蓝色，白色象征着人类社会生活中的真实、纯洁、正直和美好，把蓝色视为自然界中永恒、美好的色彩，希望自己的民族像永恒的蓝天一样永存和繁荣兴旺。在日常生活中，蒙古族特别喜爱红色（乌兰）。以为红色温暖亲切，把它作为本民族的标志，帽缨等装饰品大都是红色的。蒙古袍也喜欢穿红色的，马鞍子也是红色的。穿用的衣物格外喜欢鲜艳明快的色调。在内蒙古城镇建设中，可以考虑以白色系列为基础色调，蓝色、红色等颜色作为搭配色调或装饰色调作为未来建筑的颜色选择。

二、运用渲染民族特色的建筑装饰

　　对以钢筋水泥和玻璃为基本建筑材料的现代建筑进行适度的艺术性装饰，

可以极大地减少因建筑材料雷同而带来的审美疲劳，增加建筑的艺术性，点缀和美化建筑的同时能够起到渲染和烘托民族特色的作用。在内蒙古建筑物的装饰上应该鼓励利用内蒙古各民族历史上创造的花边、云图、冠饰、文学艺术作品、生产生活用具等抽象、独具特色的艺术符号，通过描绘、雕刻、塑造、堆贴、镶嵌、编织、印花等装饰技法，单独纹样、适合纹样、带状纹样、网状纹样等图案组织，浮雕、圆雕、镂雕、浅刻等装饰形式，用于现代建筑的装饰。

三、创新体现自然与文脉的建筑造型

建筑造型是指构成建筑空间的三维物质实体的组合。研究建筑造型的目的是为了使建筑具有整体的美感，同时又具有多样化与秩序性。应鼓励新建筑采用草原上使用千百年的民居和生活用具经抽象后创造的多种多样的建筑符号和造型，采用曲线型或曲直结合、方圆结合的造型体现自然和文脉特征，尽可能地避免火柴盒式、纪念碑式、大墙式等简单建筑造型。

四、促进现代建筑与地域环境的和谐

建筑与环境的关系包括与自然环境和人工环境的关系，即山川、河流、树木、街道、广场与建筑物的关系以及建筑物所处的历史文化环境。建筑的设计和建造不能脱离它本身所处的城市空间环境和历史文化环境，同周围的建筑环境和城市的历史文化背景一起为人们提供更多的使用及有意义的城市外部空间，并强化城市的特征。建筑与环境的整体协调产生美，表现出城市的形象。将建筑物与周围的绿化和水体环境以及自然地形地貌充分地结合，建筑设计创作应追求与周围环境整体上的美感，而不应不适当地强调单个建筑的自我表现，充分体现对已有环境的尊重和利用。

五、构建具有民族特色的绿色生态建筑理念

草原游牧民族使用了数千年的蒙古包是人居与大自然的完美结合，制作材料木条、皮筋、羊毛毡、牛毛绳等全部取之于自然，搭建和使用蒙古包可以不破坏任何自然地貌和生态环境，客观上体现了崇尚自然、人与自然和谐共处的理念。在新的历史阶段，建筑领域内能源消耗高、环境污染严重的问题成为全社会共同关注的话题，与内蒙古历史上传统的建筑理念格格不入。内蒙古未来的建筑发展在为人们提供健康、舒适、安全的居住、工作和活动的空间的同时也应实现高效率地利用资源（节能、节地、节水、节材）、最低

限度地影响环境，实现"以人为本"、"人—建筑—自然"三者和谐统一。构建"智能与绿色建筑"理念，即综合运用建筑智能化技术达到生态健康的生活理念。这一概念应贯穿于建筑物的规划、设计、建造、使用以及维护的全过程，覆盖建筑物的整个生命周期，甚至废弃后的循环再利用也注入了绿色概念。

第五节　创新发展建筑文化的途径

一、深度挖掘民族文化资源

在推进城市化建设过程中，内蒙古建筑要把保护与传承特色民族文化相结合，加强草原文化研究，充分挖掘、整合民族文化资源，注重现代与传统的融合，深度体现城市的文化底蕴，挖掘传统民居的内涵。各有关部门要组织民俗学、建筑学方面的人才，挖掘我国传承千年的民居文化、建筑风格和内蒙古特有的民族文化底蕴，体现民族特色与时代潮流、传统与现代充分融合。既注重城镇基础设施的配套和功能完善，又注重城镇景观、城镇特色、房屋单体造型设计与内蒙古特色文化的吻合。在建筑的民族文化的挖掘上尽可能体现民族历史文化，注意民族文化与现代文明的有机结合，既保持浓郁的民族特色，又充满强烈的现代气息。

坚持民族文化特色建筑理念。要牢固树立"特色也是生产力"、"保护也是发展"的理念，充分运用民族传统建筑文化元素，促使建筑和城市发展趋向民族本色的回归，努力使城乡建设特色化凸显，在规划建设建筑体系时，积极研究推广新型民居建筑，建造出既是传统的、民族的，又是现代的建筑物，从而实现建筑与传统文化的和谐统一。

二、促进民族文化元素与现代建筑的融合

立足于民族文化精神、地方特色实现建筑文化创新，将民族文化隐藏在建筑传统形式的背后，透过建筑硬件去反映传统价值观念、思维方式、文化、心态、审美、情趣、建筑观念、建筑思想、创作方法、设计手法等等。

（1）既要吸收利用传统的外表形式，又要引进新的技术和材料，使建筑呈现焕然一新的面貌。

（2）将传统元素的外表形式进行重新组合，并融入"共生"的设计思想之中。如将传统建筑的一切要素——柱、天花板、墙壁、楼道、窗户、天窗、墙壁围成的房间、入口、露天空间等看作符号，并将这些符号配置于现代建筑中，使建筑形式获得新的多重价值和意味。

（3）以现代的建筑形式、建筑材料和技术体现优秀的传统文化内涵和审美趣味。在充分地理解了地域文化内涵的前提下，表达出传统文化的审美趣味。

（4）对本地建筑色彩、自然色彩的模拟。根据内蒙古民族文化传统对色彩的感受去理解、解释色彩的象征和意义，将象征地域文化的色彩在现代建筑中运用，使其具有更强的归属感和识别性。

同时需要注意的是，强调民族特色和地域特征，并非一定注重外在表现形式，不等于照抄传统形式，要力臻从地区文化中汲取营养、发展创造，并保护其活力与特色，而不是一味地临摹传统。要极力避免低级的具象模仿。

三、充分体现人文关怀的建筑风格

现代建筑特别是住宅建筑应极力摒弃纪念碑式的建筑形态，建筑创造应符合人类的心理需求，关注人居环境，追求人性化设计，从精神方面给人以关怀和尊重，让建筑物给人以温情和真实感。创造亲切、舒适、静谧的气氛。让人类诗意地栖居在大地上，用审美的眼光去享受建筑与环境的和谐融合所形成的艺术氛围的美妙与温馨。

一是建筑应有艺术感、审美感。除了一般建筑都具有的物质性使用功能，又有精神性的表现，建筑一般的形式美感，应能使人产生美的愉悦，或造成一定的情绪氛围，形成环境气氛，甚至可以陶冶人的情操，震撼人的心灵。

二是体现"无障碍设计"。无障碍环境设计的目的在于确保残疾人、老年人等弱势人群行动的自由，扩大其行动范围，使其能平等地充分参与社会生活，共享社会物质文化成果，成为同样可以贡献社会的公民。例如铺设盲道、设置语音交通指示和增加残疾人坡道及其他建筑内部空间以及室外的公共空间中的无障碍设计。

三是提供较大的公共空间。在住宅建筑设计制造时可以在楼层中营造"邻里空间"，满足生活居住、接触与交流的需要，住户对这些邻里空间的合理方便使用，可以在邻里空间中设置桌子、坐凳，留出种花养草的空间，看似随意、实则精心布置，创造人性化的环境空间。园区提供人们小坐、嬉戏、休憩、会友、谈心的户外活动场所。为满足人们的健身需要，可以设置一些泥土地面的户外活动场地。同时，在小区户外设置沙坑、嬉水池等设施，满足不同收入家庭孩子的活动要求。

四、保护建筑的历史传承

建筑就是石头的史书，是文化的物化，恰当保护历史建筑，是保持城市历史感、城市特色的重要手段。"新其所新，旧其所旧"，古城市和新区并存，古老的文明与现代化文明相呼应应是城市化的合理布局。

保护建筑文化生态环境建筑物与自然环境相和谐，要充分考虑建筑物所处地的位置、地形、气候、植被和相邻建筑物等要素，使人和自然展开自由对话。要把建筑物充分融入自然，与生态环境相和谐，包括一切非自然的建筑物、道路和构筑物等和谐统一，体现出应有的建筑形式、建筑色彩和建筑风格，与社会、人文环境相和谐，充分体现历史传统、风俗习惯和社会风尚。最终，就是要使建筑物与环境相融相生，使建筑物与客观环境达到最佳配置，让建筑物与自然环境及人的精神融为一体，让人们充分享受自然环境和建筑艺术所带来的永恒和谐美。

五、提升对城市和建筑的文化定位

依据城市特有的风格和特质，从实际出发，确定城市的发展方向和文化特征，改善社会生产条件和生活环境，以保证城市有秩序的协调发展。判断一个城市的文化特征，包括建筑、雕塑、主题公园、娱乐设施等这些静态的内容，同时也包括人们的生活模式、风俗习惯、社会观念等这些动态的人文内涵。城市和建筑要体现人文内涵，建设特色城镇。要进一步建设"文化塑魂"工程，从城镇整体和谐对建筑造型、建筑色彩、建筑符号进行仔细推敲，把文化贯穿于规划建设的始终，以城镇承载文化、以文化丰富城镇内涵。要着重在形象塑造和文化元素的提升上下工夫，在历史底蕴挖掘和景观建筑上做文章，在自然环境改造和人工环境设计上求突破，使城镇风貌、建筑风格既满足现代化、功能化的需要，又体现文化底蕴。要调整城镇传统的框架结构，顺应自然地势地貌，推广"大环抱、小分散、组团式、多中心"的布局模式，坚持低层、低建筑密度、低容积率和高绿地率"三低一高"的建设理念，在各建筑群落间布局各具风格和地域特色的标志性原生态草甸群，打造独具特色、体现草原风貌和民族文化的建筑风格。

第七章　建筑业人力资源开发与目标

我国处于城市化和工业化加速推进时期，为建筑业发展提供了难得的战略机遇期和广阔的市场空间。近年来内蒙古建筑业取得了长足进展，但人力资源还不能很好地满足建筑业发展的需求。因此，要进一步加强建筑人力资源开发，努力提高内蒙古建筑业的综合实力和市场竞争能力。

第一节　建筑业人力资源开发的基础和存在的问题

一、基本情况

（1）建筑业人力资源受教育水平。内蒙古人力资源的受教育水平以小学和初中程度为主，还不能满足内蒙古建筑业发展的需要。到 2008 年，内蒙古九年义务教育阶段在校生人数达到 241 万人，高中阶段在校生人数达到 83.6 万人。内蒙古义务教育实现 101 个旗县人口全覆盖，高中阶段教育呈现出了普通高中教育、中等专业教育和职业技术教育齐头并进、相互补充发展的格局。但是，内蒙古低素质人口比重仍然过大，创新能力不足等问题仍然存在。

从各产业就业人员素质看，第一产业从业人员以小学和初中文化程度为主，第二产业从业人员以初中文化程度为主，第三产业从业人员整体文化程度相对较高，但能满足现代服务业发展要求的高素质劳动力供给不足。2008 年，内蒙古信息传输、计算机服务、软件业、科学研究、技术服务、地质勘查业职工人数占全部职工人数的比重仅为 2% 和 1.61%，技术人才相对匮乏制约了产业的进一步发展。

（2）第二产业从业人员的数量。"十一五"时期，内蒙古产业结构发生深刻变化，农牧业比重大幅下降，非农产业比重不断上升，三次产业增加值比例由 2000 年的 22.8：37.9：39.3 演进为 2008 年的 11.7：55：33.3。根据配第克拉克定律，劳动力就业结构的基本趋势是劳动力从第一产业向第二、三产业部门转移，并且随着经济的发展，又会出现劳动力由第二产业向第三产业转移的现象。

但是，内蒙古三次产业就业结构与产业结构呈现出相反的变化趋势，第一产业就业比重有所上升，非农产业就业比重下降，三次产业就业结构由2000年的52.2：17.1：30.7变化为2008年的50.45：16.88：32.67，大量劳动力滞留在第一产业，成为制约建筑业进一步发展的结构性因素。

（3）农村牧区人力资源状况。到2009年，在内蒙古苏木乡镇、嘎查村培养大约8万名各类实用型科技人才和管理人才。其中，内蒙古苏木乡镇一级培养大约2万名具有中专以上学历或初级以上职称的各类专业实用人才；内蒙古嘎查村一级培养大约6万名掌握专业生产技术、技能的实用人才。但是从实用人才内部结构看，技术型人才相对较多，经营、管理型人才相对较少；有一技之长的人才相对较多，复合型人才相对较少；直接从事农牧业生产的人才相对较多，面向建筑、加工、流通和服务领域的人才相对较少。"十一五"以来，随着内蒙古经济发展方式逐步由粗放型向集约型转变，生产技术水平迅速提高和劳动力整体文化素质差、技术水平低的矛盾日益突出，由于素质低而不适应新工作岗位的结构性矛盾问题日益严重。从发展趋势看，建筑业工人在很大程度上靠农民工转移而来，他们的技术素质会直接影响到产业结构的调整、技术水平和产业竞争力的提高。建设社会主义新农村新牧区，加快农村牧区经济发展，推进农牧业产业化，促进农牧业增效、农牧民增收和农牧产品竞争力增强，不仅需要整体农牧民科学文化素质的提高，也需要大量的科技创新人才、开发人才、服务人才和加工人才等农村牧区实用人才。同时，加快农村牧区剩余劳动力转移和推进城镇化，实现进城务工农牧民稳定就业，也需要农牧民具备较高的文化素质和一定的实用技能。

目前内蒙古农村牧区劳动力远不能满足上述要求。主要表现在农牧民文化程度普遍不高和农村牧区实用人才比重偏低。内蒙古文盲人口和小学文化程度人口主要集中在农村牧区，具有高中以上文化程度的农牧民占整个农村牧区人口的比重偏低。农村牧区转移劳动力中具有初中以上文化程度或接受过技能培训的农牧民比重较高，表明文化程度较高、具备一定技能的农牧民更加容易转移，而大量低素质人口积淀在农村牧区。

（4）专业技术人才和高技能人才。专业技术人才和高技能人才是人力资源的重要组成部分，是建筑业产业大军的优秀代表和核心骨干。专业技术人才和高技能人才在加快产业升级、提高企业竞争力、推动技术创新和技术成果转化等方面有着不可替代的作用。"十五"以来，内蒙古建筑业对专业技术人才和高技能人才的需求迅速增加，但内蒙古专业技术人才和高技能人才总量、结构和素质还不能适应新型建筑产业发展的需要，使许多企业大量先进水平的技术设备发挥不到应有的产能，也达不到应有的质量水平，使技术引进和技术升级的努力收效甚微，成为制约加快发展的瓶颈。

这主要表现在这样一些方面：①总量不足。专业技术人才比重较低，特别是高技能人才紧缺，远远不能满足建筑业发展的需求，在呼包鄂地区一些新建项目，专业技术人才和高技能人才招不够的现象尤为突出。②知识和能力结构不匹配。现有专业技术人才和高技能人才的知识和能力存在一定程度的老化，不能适应新的需要，复合技能型和知识技能型技术人才严重不足。③分布不合理。从所有制看，公有制企事业单位专业技术人才和高技能人才比重偏大，分别达到73.45%和75.02%，非国有企业的技术力量薄弱，而且大部分专业技术人才和高技能人才集中在大城市，中小城市和广大农村牧区人才匮乏，制约了建筑业的协调发展。

（5）企业经营管理人才。企业经营管理人才是推动企业发展壮大，提升企业市场竞争力的重要力量。与国内大的建筑企业和公司相比，内蒙古较高层次的建筑经营管理人才的创新精神、创业能力和职业化水平还有很大差距，这成为制约企业进一步做大做强的重要因素。一是总体数量偏少，高层次、复合型人才短缺，缺乏一批熟悉建筑市场、具有较高战略眼光和战略决策能力的复合型企业经营管理人才，特别是缺乏一批能够带领企业走向全国市场的优秀企业家。二是学历结构偏低，特别是民营企业的高层次经营管理人才学历有待进一步提高。三是专业结构不合理，熟悉资本运作、市场营销等方面知识的人才紧缺。四是分布不均衡，建筑企业缺乏市场经营人才、项目建设和生产管理人才。

二、存在的主要问题

（一）农村牧区劳动力转移亟待加强

一是技能性培训比例较低，内蒙古每年一般引导性培训人数偏多，而建筑专业技能培训偏少，不利于劳动力输出由劳力型输出向技能型输出转变。二是技能性培训时间短，致使农牧民工对建筑业技能掌握不准。三是有组织输出比重偏低，目前农牧民工多数为自发或靠朋友介绍输出。四是宣传不够，尚未形成有利于劳动力转移输出的社会氛围。

（二）市场配置人力资源的基础性作用未能充分发挥

一是户籍、档案、身份仍然是阻碍人力资源特别是人才在地区、城乡、不同所有制流动的主要障碍。二是劳动力市场和人才市场体系不完善，这表现在：劳动力市场、人才市场和毕业生市场提供的用工信息不全面、不准确、时效性差，甚至存在不公开、不对等、稳定性差的现象；劳动力市场、人才市场和毕业生市场与用人单位和教育培训机构尚未建立起经常的、稳定联系；劳动力市场、人才市场和毕业生市场不能满足各层次人才配置的需求，特别是对高层次人才的服务功能不强；中介服务机构运行不规范，诚信度较低，整体形象较差，缺乏权威性。三是政府有效利用劳动力市场、人才市场和毕业生市场，发挥市场配置人力资源的基础性作用，引导人力资源合理有序流动能力有待提高。

（三）激励机制不健全

一是收入分配关系尚未理顺，现行的分配方式不能真正体现人力资源特别是各类人才的价值。二是社会保障体系不健全。大部分非公有制的建筑企业的工人缺乏基本的社会保障，而且由于单位所有制不同，享受的社会保险险种和投保额并不相同，这些都增加了人力资源配置中的难度，使得人力资源流动后因社会保障不衔接产生后顾之忧，给人力资源流动带来困难。

（四）职业教育发展相对滞后

建筑业持续快速健康发展需要大量受过良好职业技术教育的初级技术人员、中级技术人员、管理人员、技工和其他受过良好职业培训的城乡劳动者。没有这样一支劳动力技术大军，就不能实现建筑业的优化升级，做大做强。但是，内蒙古的职业教育恰恰是各类教育中的薄弱环节。2008 年，全国每万人口普通高中在校生为 186 人，内蒙古为 224 人，比全国多 38 人；全国中等职业教育每万人在校生 57 人，内蒙古为 61 人，仅比全国多 4 人。

造成这种状况的原因主要有以下几个方面：一是认识不足。各地教育决策中，重基础教育和高等教育、轻职业教育的现象严重，使得职业教育从办学空间拓宽、领导班子和师资力量的配备、教学设备和实训基地建设及经费投入等方面都不及基础教育、高等教育。二是基础薄弱。起步比较晚，几次大起大落，特别是 1999 年"两高"扩招之后，中等职业教育出现大面积的滑坡，真正把职业教育提上日程的时间不长。职业教育的定位和办学方向始终没有解决好，学校反复调整办学方向，失去了许多发展机会。建筑专业建设比较落后，过去主要集中在农、牧、林、医、师范等类的专业上，而现在市场需求看好的建筑业类的专业，从图书设备、实训基地、专业师资都准备不足。基础设施建设滞后，从教学设备到实训基地都不能满足办学的需要。生源质量差，按照目前的人才遴选机制，高分学生升入普通高中，剩余的学生才交给职业学校。三是职业教育资源分散。对职业教育缺乏科学的统筹规划，各地发展职业教育存在自发性、盲目性，政府对职业教育的宏观管理和调控能力弱，造成资源分散，重复办学，综合学校多、专业学校少，并一哄而起增设需求旺盛的专业，使得专业、投资、师资、生源四个主要的职教要素都变得比较分散。

第二节　影响建筑业人力资源开发的因素分析

一、外部环境因素分析

（一）经济环境

经济环境是影响人力资源管理的主要外部环境因素，国家经济发展状况直接影响着社会的劳动力供需，从而对建筑企业人力资源战略产生重要影响。经济发展强劲必然拉动建筑业的发展，使劳动力需求增加，劳动力价格上升，企业人力资源成本也势必提高。相反，如果经济发展缓慢，则劳动力需求降低，价格下降，企业劳动力成本将会大大降低。

（二）劳动力市场

劳动力市场是企业外部的人员储备，从这个市场中可以找到企业所需要的各种员工，因此劳动力市场的变化也影响到企业的劳动力的变化。在劳动力市场中劳动力参与率、人口平均寿命、特定岗位的素质和技能要求、经济发展水平与产业结构等都会影响市场中劳动力的变化。企业制定人力资源战略，必须确定一定时期内劳动力需求的种类和数量，必须了解社会劳动力的供给、构成以及对特定人力资源的市场需求，才能有的放矢，掌握主动。

（三）科学技术因素

企业经营中的技术变革对企业经营产生了深刻的影响，随着技术与产品更新周期越来越短，导致现有岗位不断发生着变化，不断出现的新岗位要求更多掌握着新知识、新技术、新技能的员工来胜任。因此企业要密切关注科技发展动向，预测本企业业务及岗位对工作技能需求的变化，制定和实施有效的人力资源开发计划。

（四）社会文化因素

社会文化环境是指一个国家和地区的民族特征、文化传统、价值观、宗教信仰、教育水平、社会结构、风俗习惯等情况。社会文化是经过千百年逐渐形成的，它影响和制约着人们的观念和思维，影响着人们的行为。社会文化的影响主要反映在人们的基本信仰和行为方面。

二、内部环境因素分析

（一）企业现有人力资源状况

企业现有人力资源是制定人力资源战略的基础，人力资源战略能否顺利实施取决于企业人力资源管理的基础。企业现有人力资源的数量必须与企业规模和资本实力相匹配，过多过少或与企业发展状况不适应都将影响企业战略目标的实现。企业在岗员工能够胜任当前岗位的需要并且完全可以适应企业的发展；更为重要的是，企业通过培训能不断提高员工素质的同时使其接受更高岗位的挑战，使员工的知识和能力最大限度地发挥。

（二）企业总体发展战略

企业战略是制定和实施人力资源战略的前提，不同的企业战略要求设置与其相匹配的人力资源战略。因此，企业必须首先明确企业经营宗旨及战略目标，根据总体战略的要求，确定一定时期内人力资源开发利用的总目标、总政策、实施步骤及总预算安排，并制定一套完善的业务计划进行落实。

（三）企业组织结构

企业组织结构就是把企业的目标任务分解为职位，再把职位综合为部门，由众多的部门组织垂直的权力系统和水平工作协作系统的一个整体机构。企业的组织结构决定企业的职位数量和岗位要求，人力资源管理的目标之一就是要实现人与岗位相匹配，因此，不同的组织结构所导致的人力资源管理的实践活动也不一样。

（四）企业资本实力与经营状况

企业资本实力与经营状况直接关系到人力资源战略的定位，影响到企业人力资源运作模式的选择以及具体管理制度的制定。资本雄厚、经营状况良好的企业可以加大人力资源投资，以更有竞争力的薪酬、福利计划吸引人才，也有能力对员工进行高水平的培训，以良好的职业发展前景获得优秀的人才。而企业资金不足、经营状况不佳时，就只能按需用人，减少储备甚至减薪裁员。

（五）企业文化

人力资源管理的最高层次就是运用企业文化进行管理，因此，企业文化与人力资源战略有着紧密的联系。企业的价值观引导并规范着员工的行为，使他们知道应该怎么想、怎么做；企业精神能激发员工的积极性和创造性；优秀的企业文化不仅协调着员工之间的关系，还将企业中的各种成员凝聚在一起使企业在发展中更具稳定性。

第三节　建筑业人力资源开发的基本思路与目标

一、基本思路

大力扶持发展建筑劳务企业，规范建筑劳务用工，实行劳务队伍建制、基地化管理。总承包企业、专业分包企业不准使用没有资质的劳务队伍。鼓励总承包企业使用内蒙古劳务队伍，支持大中型企业在呼包鄂地区和建筑业较发达的盟市设立劳务基地。劳动力资源丰富的盟市，如通辽市、赤峰市和乌兰察布市等，要主动与建筑用工需求较多的地区搞好对接，把建筑劳务输出作为发展当地经济的重要途径。建筑业主管部门要建立健全建筑劳务用工信息网络，及时发布供求信息，建立统一规范的建筑业人力资源市场，促进建筑业人力资源合理流动与有效配置。牢固树立人才是第一资源的观念，多渠道、多层次、多方式引进和培养人才，努力造就一支高素质的企业家、项目经理、工程技术人员和技术精湛的技工队伍。

二、发展目标

全面加强对建筑业从业人员的教育培训，到 2015 年，全行业培养1000 名优秀企业家、1 万名优秀项目经理、10 万名优秀技术工人。组织实施"阳光培训工程"，大力提高农牧民工的业务素质和操作技能。从2010 年起，全行业每年至少培训 10 万名建筑农民工。逐步增加进场施工人数和出国施工人数，全员人均劳动生产率大幅上升，工人人均年收入逐步增加。

第四节　建筑业人力资源开发的战略重点

一、加强劳务基地建设，规范建筑劳务用工管理

以深化建筑业用工制度改革、完善劳务分包制度为契机，加强建筑劳务队伍的社会化管理与建设，大力发展劳务分包企业，规范劳务用工管理，维护农牧民工合法权益。

加强建筑劳务基地建设。在赤峰市、通辽市和乌兰察布市等劳动力资源丰富的地区，借助政府、民间和社会力量，建立建筑劳务基地，为农村牧区劳动力转移搭建一个良好的平台。发挥劳务基地在建筑劳务培育和输出方面的主渠道作用，形成企业与基地互为依托、相互选择、协调发展的建筑劳务管理机制。对零散劳务人员实行建制化、基地化管理；对外派劳务队伍实行跟踪管理和服务；对农村牧区建筑工匠进行系统培训，提高水平，逐步纳入到产业活动单位务工，由分散活动变为有效管理，由资格管理过渡到队伍管理，使其成为劳务输出的后备力量。

大力发展劳务分包企业。制定扶持政策，鼓励成建制的劳务队伍、农村牧区建筑队、个体业户组建劳务分包企业；引导大型总承包企业实行作业层分离，组建独立的劳务分包企业。各级建筑业主管部门要采取有力措施，督促原劳务带头人、召集人申办劳务资质，积极帮助企业解决在申办劳务资质中遇到的实际问题，与税务部门协商，尽快解决劳务分包企业重复纳税的问题。

规范建筑劳务用工管理。建立完善劳务分包制度，促进劳务队伍管理规范化、制度化。2010 年以后，内蒙古所有企业进行劳务分包，必须使用有相应资质的劳务企业，禁止将劳务作业分包给"包工头"。各地应建立建筑劳务用工信息服务体系，收集发布劳务用工需求总量、工种结构和技能要求等用工信息，降低农民工的务工成本。加强劳务用工合同管理，使用劳务企业的总承包和专业承包企业，要依法签订书面劳务合同，并向劳动保障部门备案。

切实保护农牧民工利益。采取有力措施，解决农牧民工工资偏低和拖欠问题，建立工资支付监控制度和工资保证金制度，确保农牧民工工资按时足额发放。搞好农牧民工就业服务和职业技能培训，清理和取消各种针对农牧

民工就业的歧视性规定和不合理限制。依法将农牧民工纳入工伤和意外伤害保险范围，探索适合农牧民工特点的养老保险办法。按照国家有关规定，建立建筑业农牧民工工会组织，保证农牧民工依法享有民主政治权利和产业工人待遇。

二、开发利用农村牧区劳动力资源，加快劳动力转移

建立劳务输出信息库，对农村牧区剩余劳动力资源情况进行调查摸底，对已输出人员从业地点、从事工种、性别、年龄结构进行分类登记，对拟输出人员年龄结构、技能状况、性别、文化程度、意向等进行登记建档。各地要对当地整户外出务工情况、出国务工情况以及输出人员较大规模的乡镇苏木、村进行普查，对输出人数、收入情况、打工时间以及所从事的工种、比例进行调查登记。

完善劳务输出网络体系，以劳动力市场为基础，劳动社会保障机构为依托，职业中介组织为补充，建立和完善以信息收集、整理发布、反馈为主要内容的信息网络体系，以指导、登记、办证、监管为主要内容的劳务输出管理体系和以咨询、中介、培训为主要内容的社会服务体系，全面推进劳务输出。

加大有组织输出力度，建立基地，搞好协作，扩大劳务输出面。积极到周边省份及沿海发达地区进行劳务考察，收集劳务信息，与企业建立劳务协作关系，建立劳务输出基地，使劳务输出由自发型、松散型向有组织输出转变。通过召开劳务输出地与输入地两地对接会议、把劳务基地负责人"请过来"等方式，加强对接，提高有组织输出质量。实行输出后跟踪服务，对在外务工人员的单位进行定期回访，帮助打工人员解决拖欠工资和有关劳动争议等方面的问题。

加强劳动力转移培训，实施好以提高农牧民转岗就业能力为重点的"农村牧区劳动力转移培训阳光"，组织实施"菜单式"教学和"订单式"培训，打造劳动力输出品牌，促使劳动力转移由体力型向技能型转变，以满足现代建筑业发展的要求。

三、以能力建设为核心，突出发展职业教育

树立正确的职业教育观，广泛开展职业理想教育，使全社会人才价值观念逐步从学历人才观向能力人才观转变。建议成立职业教育领导小组，或建立职业教育联席会议制度，定期召开与职业教育相关的联席会议，从发展经

济、稳定社会、解决就业和再就业、有效提高老百姓生活水平的角度专门研究解决职业教育发展中遇到的重大问题。

结合各地的建筑业发展、就业与再就业、劳动者素质和城乡居民收入水平，编制符合当地实际、指导性和针对性比较强的职业教育发展规划，明确着重培养学生就业能力的办学方向，指导和促进职业教育健康发展，减少盲目性、随意性、自发性，避免低水平重复建设。

整合城乡之间、区域内的纵向专业，实现自治区级高等职业院校带动盟市和旗县建筑职业教育发展，城市里的高、中等职业学校带动旗县职教中心发展。加强精品建筑专业建设，依托优势产业和骨干企业，建设与企业生产技术水平相适应的实训基地，打造职业教育专业品牌，使专业建设逐步从学科本位向职业岗位和就业本位转变。

健全和完善以企业行为为主体、职业院校为基础、校企联合为纽带、政府推动和社会支持相互结合、以服务为宗旨、以就业为导向的，由就业教育体系、短期培训体系和适当的升学教育体系组成的职业教育和职业培训体系。以走进岗位就能上一线操作的专业人才为目标，着力培养学生的职业技能及实际操作能力，加强劳动力转移技能培训，推进新农村新牧区建设。

加强职业教育师资培养工作，注重在职教师的培训与提高，既要加强教师新知识、新理论的培训，又要安排职业学校教师到建筑第一线参加实践活动，通过参与生产实践，使教师掌握新技能、新工艺。

四、围绕建筑业发展要求，推进实施人力培养计划

（一）加强企业经营管理能力培训

从满足产业结构调整和新型工业化发展的要求出发，以提高企业竞争力为核心，以培育优秀企业家为重点，建立一支综合素质高、管理能力强、具有创新意识和能力的建筑企业经营管理人才队伍。

加快培养造就一批优秀企业家。围绕实施人才强企战略，通过企业自主培养和重大建设项目的吸纳，加快培养造就一批熟悉国际惯例、具有战略眼光、市场驾驭能力强的高素质企业家，着力提高他们的创新创业能力、战略决策能力、防范风险能力、跨国经营能力和识人用人能力。遵循企业家成长规律，努力营造有利于培养企业家职业精神的市场环境、政策环境和社会环境，在全社会形成鼓励创业和尊重企业家的良好环境和氛围。建立和完善有利于企业家职业特点的激励和约束机制，调动和保护企业家勇于竞争和持续创业的热情和积极性。建立优秀企业家人才库，采取多种方式促进企业家的

沟通和交流，加强和改进对企业家的服务。

切实加强企业经营管理人才队伍建设。适应建立现代建筑企业制度的要求，加快建设一支综合素质好，具有战略决策能力，能够忠实代表和维护资产权益，正确履行出资人职责，实现资产保值增值的出资人代表队伍。建设一支职业素质好，市场意识强，熟悉国内建筑业运行规则等方面具有较高水平的经营管理者队伍。加大对当前紧缺的复合型管理人才的培养，选派他们到国内大型建筑企业学习锻炼，提高办事的能力和专业水平。特别是把非公有制企业经营管理人才培训纳入人才培训的总体规划之中，建立政府扶持与企业、社会各方资助相结合的非公有制企业经营管理人才培训制度。解放思想，转变观念，对非公有制企业经营管理人才在政治上一视同仁，事业上支持鼓励。在人事管理、教育培训等方面，与公有制企业实行同等政策。抓紧建立和完善非公有制企业经营管理人才队伍状况调查统计制度，及时了解队伍建设中存在的问题和他们的需求，有针对性地加强服务、培养和引导。消除体制和机制障碍，逐步建立和完善服务和保障体系，为他们的健康成长和发挥作用提供良好条件。

（二）加强专业技术能力培训

从适应建设创新型内蒙古的需要出发，以增强自主创新能力为核心，以培养和凝聚高层次建筑专业技术人才为重点，努力建设一支数量充足、创新实力强，能够满足自治区经济社会建设需要的建筑专业技术人才队伍。

加强高层次专业技术人才队伍建设。围绕自治区建筑业发展，加强具有市场意识、管理经验和技术创新能力的复合型专业技术人才队伍建设，造就一大批基本能够满足自治区经济社会建设发展紧缺实用专业技术人才。积极争取国家专业技术人才工程。争取人事部组织实施的"新世纪百千万人才工程"、"专业技术人才知识更新工程"、"西部地区专业技术人才高级研修班"等各类高层次人才培养项目向内蒙古的倾斜力度。

鼓励企业作为技术创新和吸纳专业技术人才的主体。采取导向明确的财政税收政策和政府采购制度，支持吸纳专业技术人才的企业，鼓励企业在人才开发和技术创新中加大投入。健全企业吸纳和使用专业技术人才的社会化服务体系。积极鼓励高校毕业生到企业工作。

（三）加强高等技术能力培训

按照产业结构优化升级和经济发展方式转变的要求，以职业能力建设为核心，加快培养一批结构合理、素质优良、爱岗敬业的技术技能型、复合技能型和知识技能型的高技能人才。

加强对高技能人才工作的统筹规划和宏观指导，各级财政要加大对高技能人才培养的投入，从国债资金、职业教育经费中划拨一定比例专项用于建筑业高技能人才培养。加强高技能人才培养，根据需要采取学校教育培养、企业岗位培训、个人自学提高等多种形式，全面实施高技能人才培训工程和技能振兴行动，形成梯次合理的技能人才队伍。紧紧围绕自治区建筑业的发展整合现有教育培训资源，充分利用国家安排的奖励性资金，依托骨干企业、重点职业院校和培训机构，建设一批具有示范性的国家、自治区级高技能人才培训基地。

（四）加强农村牧区实用能力培训

以服务社会主义新农村新牧区的建设为目标，以提高实用能力为核心，加快培养一大批能够促进农村牧区经济社会建设发展的实用型人才。

依托农牧业大专院校、职业技术学校、广播电视学校、远程教育网和农业技术推广培训机构，培养一批内蒙古农村牧区经济发展急需的建筑实用人才。以旗县为主体整合培训资源，建立一批农村牧区（林区）实用人才培训实践基地和创新人才培养基地，形成限于农村牧区（林区）实用人才培训网络。积极推行农牧民技术人员职称评定和国家职业资格证书制度。对在农村牧区从事建筑业的人员开展农牧民技术人员职称评定，推行职业资格证书制度，激励农牧民中的技术骨干创新进取，充分发挥他们在农村牧区建筑业中的作用。

第五节 主要保障措施

一、大力发展劳务企业，规范建筑劳务分包市场

鼓励现有成建制的建筑劳务队伍办理工商注册，申报劳务企业资质。加强对劳务带头人的政策培训和业务指导，鼓励以合资入股的方式组成建筑劳务分包企业。对建筑劳务企业实行统一的劳动保险制度，由劳务企业为职工缴纳社会保险费用，对职工进行培训。将从事建筑业的农村牧区劳动力纳入农村牧区劳动力转移培训计划，统一进行培训。在编制工程造价制定人工单价、定额时，应明确一定比例的费用作为不可竞争费，用于企业职工培训和缴纳社会保险。各级建筑业主管部门对辖区内超过 100 万元造价的工程项目

征收训练费，专项用于建筑业安全生产与技能培训。

总承包企业与专业分包企业、劳务企业之间须按规定签订分包合同，并报建筑主管部门备案，推进劳务分包业务的规范化。各级建筑主管部门要把建立完善建筑劳务分包市场纳入监管范围，防止企业以内部协议取代劳务合同。要完善劳动合同制度，规范劳动用工合同签约手续，提高劳动合同签订率。加强对劳务分包市场的监管，严厉打击劳务承包人员层层转包、违法分包和坑蒙拐骗等违法犯罪行为。

二、建设统一的建筑业人力资源市场

建立和健全人力资源市场体系，大力发展行业人才市场、专业化人才市场、地区人才市场、农村牧区人才市场等各种所有制、各种形式、各种专业、各种类型的人才市场。整合包括劳动力市场、人才市场、高校毕业生市场在内的各类人力资源市场资源，实现信息互通，功能互补，形成内蒙古统一的、开放的市场体系，实现人力资源之间的贯通。调整人力资源市场布局，以区域性人力资源市场和专业性人力资源市场建设为重点，在内蒙古形成广覆盖、多功能的人力资源市场服务体系。拓宽建筑业人力资源开发合作渠道，充分利用地域优势，进一步加强与周边省区的人才交流。积极参与西部各省区与人才资源的合作交流，形成相互兼容的人才政策框架和人才大市场。积极探索呼包鄂专业技术人才和东部地区农村牧区实用人才的合作机制。

三、完善人力资源流动的各项政策

发挥中介组织在人力资源流动中的作用，建立行业自律机制，对中介机构进行信誉资质等级评定，组织服务质量评比，公布不良记录，接受社会监督。拓宽人力资源流动的服务范围，实行包括档案管理、职称申报、工资计算、社会保险、人才诚信服务等的"一门式"人事代理服务，完善人事争议仲裁制度。改革户籍制度，逐步实现人力资源流动与住房、福利、子女入学等问题分离。组建内蒙古人才市场专业执法队伍，成立自治区人才中介服务行业协会，加强市场监管和行业自律，保证市场竞争的有序性，努力形成政府宏观调控、市场主体充分竞争、行业协会严格自律、中介组织提供服务的运行格局。

四、构建公共信息服务网络

积极运用现代科技手段，加强人力资源市场信息网络建设。从静态信息管理、动态信息管理、辅助决策支持三个层面支持人力资源管理工作，构建覆盖内蒙古的人才市场信息网络，完成与国家和各省市人才的贯通，形成面向全社会、辐射内蒙古的人才市场信息公共服务平台，实现人力资源的有效整合。启动人力资源数据库建设，完善人力资源统计指标体系，健全人力资源信息统计和发布制度，建立重要人才预测预警机制，健全网上人力资源市场，全面提升人力资源管理信息服务水平。

五、建立有效的激励制度

完善收入分配制度，健全职工工资正常增长机制，规范收入分配秩序，有效调控地区间的工资收入差距。对承担重点任务、重大建设项目人才实行特殊岗位津贴制度。推进以岗位绩效工资为主的收入分配制度改革。进一步完善企业经营管理者年薪制，鼓励企业对专业技术人才和高技能人才实行按任务、岗位、业绩定酬的分配方法。探索知识、技术、管理、资本等生产要素按贡献参与分配的有效形式和办法。逐步完善以政府奖励为导向、用人单位奖励为主体、社会奖励为补充的多元化人力资源奖励制度。加大内蒙古实施的建筑类人才专项奖奖励额度。完善人力资源保障制度，加快社会保障制度改革，建立统一的医疗、养老、失业等基本社会保险体系，提高社会保险的统筹层次。探索建筑单位人才流动中与社会保险衔接办法。实施社会化、货币化的人力资源福利政策，福利发放以货币为主要形式，福利保障管理逐步与单位脱钩，制定人才最低福利保障标准，解除人力资源流动的后顾之忧。

第八章 建筑咨询业发展的
现状与前景

　　培育发展为投资者提供技术性、管理性服务的工程咨询业，是提高建筑业整体素质和建设项目市场化运作水平的重要措施。长期以来，内蒙古建筑工程咨询业与建筑业快速发展的要求还不相适应，成为制约建筑业整体竞争力提高的重要因素。因此，系统研究内蒙古建筑工程咨询业发展情况，采取行之有效的措施，加快建筑工程咨询业发展，对于促进内蒙古建筑业振兴、提高建筑工程建设和管理水平、提高投资效益和确保工程质量具有重要意义。

第一节　概述

一、国外建筑工程咨询业的涵义、发展历程及特点

（一）国外建筑工程咨询业的涵义

　　国外建筑工程咨询业隶属服务业，服务范围覆盖建筑工程项目从投资决策到建设项目的全过程，包括建筑工程前期战略规划、项目综合论证、投融资分析、工程勘察设计、工程监理、工程采购、工程后评估和工程经营管理等。

（二）国外建筑工程咨询业发展的一般进程

　　国外建筑工程咨询业的发展已有上百年的历史，其发展经历了三个阶段。

　　个体咨询时期。19世纪初，英国出现了土木建筑事务所，独立承担从土木工程建设中分离出来的技术咨询业务。1818年英国建筑师约翰·斯梅丁成立了第一个带有行业协会性质的"英国土木工程师学会"。

　　合伙咨询时期。1913年，在法国成立了世界第一个咨询业的国际组织——国际咨询工程师联合会（简称FIDIC），推动了工程咨询的标准化、国

际化、产业化发展。20 世纪，个体咨询已从土木工程拓展到工业、农业、交通等领域，咨询形式也由个体独立咨询发展到合伙人公司。

综合咨询时期。第一次世界大战以后，美国和西欧经济的振兴带动了工程咨询业的快速发展，工程咨询业发生了巨大变化：从专业咨询发展到综合咨询，从工程技术咨询发展到战略咨询，从国内咨询发展到国际咨询，出现了一批国际著名的工程咨询公司，如兰德公司、麦肯锡公司、安达信公司等等。

（三）国外建筑工程咨询业的特点

（1）世界建筑工程咨询市场规模可观，服务范围极为广泛，包括市场调查、项目策划和规划、可行性研究、勘察设计、采购咨询、工程监理以及建成后服务等，在全球已形成营业额达几千亿美元的产业。

（2）在主要发达国家，建筑工程咨询企业专业领域宽、业务范围广，行业法规较完善，机构种类、从业人员和公司数量多，技术水平高，市场竞争激烈。

（3）多数咨询公司可以开展咨询业务，也可以承包工程施工，特别是在一揽子承包的综合项目中占有很大的优势。

（4）在英国、美国、法国等发达国家，重视发挥行业组织的作用，建筑工程咨询协会利用其声誉和影响，直接出面或组织会员单位承接咨询项目。

（5）发达国家建筑工程咨询业竞争优势明显，其业务正逐步向国际化、规范化方向发展，国际业务量增长较快。

（6）发展中国家随着经济发展，以及世界银行、亚洲开发银行以及联合国开发计划署（UNDP）等国际金融组织和国际援助机构的支持，工程咨询业也在逐渐形成并快速发展。

二、我国建筑工程咨询业的涵义、发展历程及服务范围

（一）我国建筑工程咨询业的涵义

在我国，建筑工程咨询是指以技术为基础，综合运用多学科知识和工程经验、现代科学技术和管理方法，为投资建设的项目决策与实施全过程，以及经济社会发展提供咨询和管理的智力服务。由于现行的分段管理的体制，往往把建筑工程咨询狭义地理解为项目的前期工作，即项目建议书和可行性研究报告的编制和评估，这与 FIDIC 所定义的，并为世界普遍接受的建筑工程咨询概念是有区别的。

（二）我国建筑工程咨询行业发展的一般进程

新中国成立以前，我国就已经有了建筑工程咨询的萌芽。作为独立的工程咨询行业，是在改革开放以后，随着经济的不断发展而逐步发展壮大起来的。我国工程咨询业大体经历了两个历史阶段。

计划经济时期。这一时期，国家成立了一大批工程勘察设计单位从事大中型工程勘察设计工作，并承担大量的项目前期及部分工程管理工作。在这期间培养出了大批专业技术人员力量，奠定了我国建筑工程咨询业发展的组织和队伍基础，初步形成了主要围绕项目建设前期工作的工程咨询服务体系。

市场经济时期。20 世纪 80 年代以来，我国加强了建筑工程项目建设管理，推行工程设计招标、设备采购招标、施工监理、后评价等一系列改革措施。为适应这种形势的需要，从中央到地方，各行业和各省市先后成立了各种专业性和综合性的建筑工程咨询公司，基本形成了覆盖项目决策及工程管理、实施全过程比较完整的工程咨询服务能力及体系。进入 20 世纪 90 年代后，随着我国建立社会主义市场经济体制目标的逐步确立，政府管理经济及社会配置资源的方式发生变化，国家投资体制改革进程加快，我国建筑工程咨询的产业化进程加快，工程咨询市场逐步发育，行业管理趋于规范。与此同时，国外工程咨询机构大力开拓国内市场，国内工程咨询业也开始尝试进入国际市场。进入 20 世纪 90 年代后半期及 21 世纪的初期，随着政府机构改革、科研设计单位的全面转制及各类综合性工程咨询单位脱钩改制，我国加入 WTO 带来的建筑工程咨询市场的进一步开放，使我国工程咨询业的发展进入一个全面迎接国际竞争的时代，工程咨询业优胜劣汰的产业重组过程正在深入展开。

（三）我国建筑工程咨询业的服务范围和企业类型

我国建筑工程咨询企业的服务范围主要包括：规划咨询（包括行业、专项和区域发展规划编制、咨询），编制项目建议书（包括项目投资机会研究、预可行性研究），编制项目可行性研究报告、项目申请报告和资金申请报告，评估咨询（包括项目建议书、可行性研究报告、项目申请报告与初步设计评估，以及项目后评价、概预决算审查等），工程设计，招标代理，工程监理、设备监理，工程项目管理（包括工程项目的全过程或若干阶段的管理服务）。

根据不同专业，我国建筑工程咨询业的企业资质分为公路、铁路、城市轨道交通、市政公用工程、建筑、城市规划、综合经济（不受具体专业限制）等 31 类专业。建筑工程咨询企业类型主要包括勘察设计机构、工程咨询机构、招投标代理机构、造价咨询机构、监理机构和项目管理公司 6 种。

第二节 国外建筑工程咨询服务业 发展的主要经验

一、政府高度重视对建筑工程咨询业的政策扶持

在美国，政府将咨询程序作为决策过程的法定程序，企业的咨询费用可打入成本，不计征所得税，以此鼓励建筑工程咨询业的发展。德国对中小企业进行工程咨询所需费用根据年销售额，直接给予 25% ~75% 的补贴。日本政府则通过立法和制定有关实施细则，对建筑工程咨询业的社会地位和在国民经济中的作用给予明确肯定；由政府指定事业法人，由通商产业大臣委托具体咨询机构负责国家项目咨询和企业重大业务；根据政府指定法人及通商产业大臣委托事业的分工，各事业法人依法推动相关的企业援助工作，并具体承担政府专项拨款的实施；建立相应的国家资格考试制度和资格认定制度，为咨询业的队伍建设提供了政策保障。

二、普遍重视人力资源开发和结构优化

国外大型建筑工程咨询服务机构的工作人员，几乎全部具有大学以上文凭，并拥有非常广泛的经验和不同学科的知识。在兰德公司的 600 名专业人员中，博士达到 200 人，占 33%；硕士达到 178 人，占 30%。在麦肯锡来自78 个国家的 4500 名工作人员中，均具有世界著名学府的高等学位，70% 左右拥有 MBA 学历，30% 左右获得博士学位。

三、不断加强对咨询人员知识的更新和提高

日本把强化咨询研究看成是建筑业生存、竞争和发展的重要国策之一，每年的咨询研究费约占日本科研经费的 1%。美国的麦肯锡公司每年用于建筑咨询相关知识的开支达几千万美元，他们的研究甚至比哈佛、斯坦福和沃顿三家商学院加在一起还要多。在德国，咨询公司每年必须抽出一定时间对公司所有人员进行培训，让其学习最新知识、技巧、方法和政府政策意向等，使其积累系统的知识。

四、重视科学规范的咨询程序

多数发达国家的建筑咨询公司，从与业主签约开始就进入规范化的程序。首先，签订合同时，明确各方当事人的责、权、利，从而保证了勘察设计、咨询、监理等业务目标的准确性。其次，咨询公司根据业主的要求，制订工作进度表，落实到具体工作人员，明确每位工作人员的责任和工作进度。最后，坚持"工程咨询人员是在业主身边为其服务，而不是在办公室为业主服务"的原则，十分注重与业主加强沟通，从而保证咨询服务切合实际，具有可行性。

五、不断提高和改进咨询手段和方法

目前，美、英、德、法、日等发达国家的建筑咨询机构，大部分均实现了联网，他们有庞大的国际网络，丰富的案例库，还广泛采用电子计算机等先进管理手段和投资组合、固定成本分析等先进工作方法，使建筑咨询活动更加科学、高效。

六、咨询企业的管理完全按市场机制运作

尽管美国的建筑咨询机构大部分是非营利性的，日本的咨询机构有强烈的政府色彩，德国等国家的建筑咨询机构在财政上都得到了一定的政府支持，但这些发达国家建筑咨询机构都具有很强的独立性。完全自主经营和管理，完全按照市场经济规律规范化、科学化和高效化运作，通过制定相应的制度和措施，在激烈的市场竞争中，逐步形成自己的信息资源网络优势和人力资源优势，保证高水平的咨询结果。

第三节　发展基础和面临的挑战

一、发展基础

"十五"以来，内蒙古不断加快建筑工程咨询业发展，出台了一系列法规和优惠措施，工程咨询队伍规模和素质逐步提高，工程咨询覆盖面稳步提高，有力地促进了内蒙古建筑业的快速发展。

（一）工程咨询综合实力不断增强

一方面，随着市场化程度的提高和工程建设管理体制改革的深入，内蒙古工程监理、招标代理、造价咨询等传统工程咨询队伍逐步壮大，建设工程担保、保险、工程项目管理等新型中介机构不断涌现，初步形成了层次较为明晰、门类较为齐全的中介服务体系。另一方面，通过采取加快实施执业资格注册管理、加强建筑工程咨询从业人员培训、加强本身精神文明建设等措施，内蒙古获得全国工程咨询类执业资格考试的从业人员数量和比例显著增长，从业人员的职业道德和敬业精神得到较快改善，工程咨询队伍的素质总体得到提高。

（二）工程咨询覆盖面逐步扩大

随着工程咨询制度的全面推行，内蒙古建筑工程咨询覆盖面正逐步扩大，对提高内蒙古建设管理水平、完善和规范建筑市场、确保工程质量、有效利用建设资金起到了举足轻重的作用。在施工招标投标方面，公开招标率进一步提高。在工程监理方面，工程监理范围由主要集中在呼包鄂地区发展到目前内蒙古几乎所有的大中型项目都实施了工程监理。在工程造价改革方面也进行了探索，初步形成了以市场价格为基础的价格调整方式。在建筑市场整顿、建材使用、外埠队伍管理以及工程质量监督等方面也进一步加强，建筑市场秩序进一步好转。

（三）工程咨询政策法规体系初步建立

在建筑工程咨询法规的建设方面，除了国家颁布的法律法规外，内蒙古先后制定出台了《内蒙古建筑市场管理条例》、《内蒙古自治区建设工程质量管理条例》、《内蒙古自治区建设工程施工招标投标管理办法》、《内蒙古自治区建设工程勘察设计企业资质复核管理办法》等一系列政策法规，明确了实行工程咨询的工作范围、企业的责任、权利和义务，确立了工程咨询单位市场主体地位，为内蒙古建设工程咨询工作的顺利开展提供了政策保障。

（四）政府宏观管理逐步强化

近年来，内蒙古积极贯彻落实国家有关建筑工程咨询工作的各项政策措施，根据内蒙古建筑工程咨询市场的容量，坚持高起点、高规格、宁缺毋滥的原则，不断加强中介服务企业资质管理。开展了工程咨询企业资质定级工作，对新建立的工程咨询企业严格审批，对已取得临时资质的工程咨询企业进行了资质定级，对个别不合格的工程咨询企业取消了已建立的资质。为解决人员混岗、管理分散等问题，要求兼营工程咨询业务的企业进行内部改制，完善机构设置，充实技术人员和手段，成立具有独立法人资格的工程咨询企业。

二、面临的机遇和挑战

今后一段时期，是内蒙古建筑业振兴的关键时期，也是建筑工程咨询业快速发展的关键时期。从国内环境看，国家扩大内需，加大固定资产投资，为内蒙古建筑工程咨询业的加快发展带来新的机遇。在严峻的世界金融危机下，我国实行积极的财政政策和适度宽松的货币政策，不断加大内蒙古固定资产投资力度，加快铁路、公路和机场等重大基础设施、农业基础设施、重大民生工程的建设，各种大型复杂项目亦日益涌现。这些都加大了对建筑工程咨询的需求，也迫切需要建筑工程咨询在投资建设中把好关，避免重复工程的出现，杜绝垃圾工程的出现，规避相关风险，切实提高投资效率，从而为内蒙古建筑工程咨询业加快发展提供了难得的历史机遇。

但目前内蒙古建筑工程咨询市场还不够成熟和规范，一些发展中的问题和认识上的障碍阻碍着工程咨询市场的快速发展，工程咨询制度还没有完全形成一种规范的社会化运作方式，导致工程咨询工作不能充分发挥提高工程建设投资效益和社会效益的作用。主要表现在以下几方面：

（一）整体实力较弱

一方面，建筑工程咨询企业规模偏小。内蒙古建筑工程咨询企业数量少、规模小，与发达地区平均水平相去甚远。另一方面，建筑工程咨询企业业务量偏少。内蒙古建筑咨询市场需求不足，加上工程咨询企业技术条件差、技术创新能力不足，且多为行业性、地区性企业，经营范围受行业、地域限制，同一领域内的企业业务范围相近，实力相当，同行无序竞争激烈，导致各个企业业务量偏小。

（二）企业资质结构不尽合理

一方面，目前内蒙古建筑工程咨询企业中，具备甲级资质的企业数量偏少，占全部工程咨询企业总数的比重偏低。甲级资质工程咨询企业的专业性较强，由于内蒙古甲级资质咨询企业总体数量不足、专业不全，使得多数大型工程咨询业务只能由区外企业来完成。另一方面，由于市场准入门槛较低，内蒙古丙级建筑工程咨询企业数量较大，在全部工程咨询企业总数的比重最高。部分丙级资质企业服务水平不高，而且还存在许多不具备资质的机构通过挂靠在这类企业，从事工程咨询业务，严重影响了内蒙古建筑工程咨询业的发展。

（三）服务水平有待进一步提高

从事建筑工程咨询的专业人员应该是以工程技术为基础，兼有经济、法律、管理等方面知识的复合型人才。但目前内蒙古建筑工程咨询从业人员整体素质不高，具有执业资格的人员比重低，专业知识结构不合理，服务质量缺乏保证，与振兴建筑业的要求不相符。主要表现在：一方面，服务质量不高，缺乏社会信誉。如有些工程咨询公司为迎合业主要求，放弃"独立、公正、科学、可靠"的职业道德，将可行性研究报告变成"可批性"粗制滥造报告；有的设计人员为了赶业务，设计经济性差，设计质量无法保证；有些施工监理单位，连现场都没去过，就通过了质量审查和工程计量，甚至有些监理人员与施工单位串通一气，共同作假，导致造价虚高，工程质量无法保证。这些现象严重影响了工程咨询与监理行业的声誉，使得行业难以树立起应有的地位和形象，难以得到社会各界尤其是业主的认可。另一方面，服务单一，市场空间狭小。由于现行工程咨询行业管理体制被人为地分割，目前内蒙古大多数工程咨询企业的服务范围过于单一、业务缺乏深度与广度，有的只能提供前期服务，有的只能提供监理服务，有的只能提供招标代理服务，还有的只能提供造价咨询服务。工程项目全过程管理尚未普遍开展，工程咨询企业还缺乏提供全面工程技术服务的专业能力，缺乏现代化的设计管理工具和软件，也不具备用现代管理理论对工程全过程实行科学管理的能力。

（四）市场行为不规范

业主行为不规范。一方面，在目前买方市场占主导地位的建筑市场中，业主往往不按照合同规定，变相减少咨询业务内容，直接干预现场的管理。如有些业主常常采取不合理压价、低价倾销、招标走形式、阴阳合同等不规范手段；有些业主直接下指令，要求施工单位加快工程进度，不仅使监理工程师对合同工期不能良好控制，同时也难以确保工程质量。另一方面，有些业主在资金不到位的情况下，采取不正当手段骗取开工许可证，项目实施后没有后续资金，随意压低、拖欠咨询监理费。

工程咨询企业行为不规范。一是机构组织不健全。部分工程监理企业平时只有几个人，接到任务后临时拼凑监理班子，根本达不到工程监理效果。一些监理企业的总工程师或总监常不驻现场，有的企业一个总咨询工程师或总监负责好几个项目，疲于奔命，致使一些工程达不到质量合格标准，工程造价和工期得不到控制。二是不正当竞争严重。由于工程咨询市场需求总量少，迫于行业竞争激烈，咨询企业在承揽业务的过程中各显其能，价格战、拉关系、许诺"回扣"的现象较为严重，不仅扰乱了市场秩序，也制约了工程咨询整体服务质量的提高。三是有些机构或个人无证、无照通过挂靠有资质的机构从事工程咨询业务，有些企业超出自身资质范围承揽业务，有些企业将承接的业务进行分包、转包。

（五）取费标准偏低

内蒙古实施工程咨询制度已有十几年的时间，但取费标准仍然执行的是十几年前的标准。目前一般项目工程监理业务的收费标准为国家标准的50%左右，有些项目的实际取费水平仅为正常取费标准的30%～40%；招投标代理机构的收费为招标额的0.1%左右；工程咨询、造价咨询的收费则更加混乱。究其原因主要在于：一是现行投资管理体制导致工程咨询与监理市场需求不足，二是部分建筑项目不严格履行市场准入制度，三是工程咨询与监理企业素质不高。由于工程咨询取费低，一些工程咨询企业为维持自身生存而减少在工程监理项目上人才、设备、资金的投入，难以挽留和吸引高素质高技能人才，难以及时更新技术设备，更难对工作人员进行学习、再培训和深造，严重影响了工程咨询工作质量的提高。最终结果导致企业只能选择"低质低价"的路线，陷入"低取费—低收入—低服务"的恶性循环，制约了内蒙古工程咨询企业的发展。

（六）行业协会管理不力

一是行业协会发展不充分。内蒙古工程咨询行业协会的管理权和决策权仍掌握在主管部门手中，协会只是行政管理部门的附属，既不能代表会员单位的利益，也不能提供相应的服务，因而也就得不到会员单位的承认和支持，严重制约其作为独立的行业自律组织的作用。二是服务意识差。由于行业协会没有实现与政府部门的完全脱钩，仍行使着部分政府职能，导致"官本位"主义严重，角色定位不清，为行业内企业服务的意识不强。三是主要功能发挥不充分。目前行业协会主要工作在评优创先，参与政府制定行业规划、建设法规的调整，协调各企业的一部分关系，代表行业向政府反映企业利益等。但市场信息功能、维护与协调行业市场秩序功能、行业技术进步与创新功能、组织职业资格和人员教育与培训功能等主要功能尚未完全发挥作用。四是行业管理水平有待进一步提高。行业协会的自律管理功能较弱，在行业管理上还存在有法不依、执法不严的现象，目前还无法或不愿对严重违规的单位或个人"清理门户"、逐出本行。由于缺乏制约机制，工程咨询和监理企业虽然名为中介，但似乎又是委托方的代言人；名为公平、公正、独立，但又处处维护委托方的利益，形成谁委托谁受益的现象。五是人员结构不合理。行业协会人事任免具有强烈的主管部门意向色彩，主要负责人多是政府部门退休人员，具有专业知识的人员比例偏低，知识贫乏、老化或不对口较为普遍，无法进行到位的战略研究规划和服务需求分析。

第四节 总体思路及目标

一、总体思路

以科学发展观为统领，以提高投资效益和规避投资风险为目标，更加注重对市场的深入分析、技术方案的先进适用性评价和产业产品的结构优化，形成适应社会主义市场经济和投资体制改革要求的科学发展的建筑工程咨询服务体系；调整优化产业结构，加快发展工程勘察设计、工程咨询、工程监理、工程造价咨询和工程招标代理等支柱行业，积极培育和发展大企业、大集团；加强自身能力建设，以人才队伍建设为重点，以信息化管理为手段，进一步提高服务质量，增强行业核心竞争力；加强技术创新，完善知识产权保护和技术转移机制，着力提升覆盖投资建设全过程的工程咨询服务质量和水平；深化改革，加快转变政府管理模式，强化行业协会职能，加强市场监管，全面推进企业脱钩改制，强化市场主体地位，增强企业活力。

二、发展目标

"十二五"发展目标（2011～2015年）：

——总体规模不断壮大。到2015年，建筑工程咨询业机构和专业队伍不断发展壮大，各类咨询机构和具有执业资格的咨询人员数量进一步增加；形成五家以上在国内知名度较大、具有较强实力的咨询单位的品牌咨询机构。

——产业结构更加优化。到2015年，初步构成一个以工程勘察设计、工程咨询、工程监理、工程招标代理和造价咨询为重点，大、中、小企业，综合型与专业型企业相互依存、协调发展，具有信息化、市场化特征的现代产业体系。

——布局更加合理。到2015年，基本形成以呼—包—鄂、赤—锡—通和呼—满地区为重点，其他重点城市为辅的产业格局。

——工程咨询水平进一步提高。到2015年，建筑工程咨询业自身能力进一步加强，人才队伍建设成效显著，信息化水平进一步提高，工程咨询服务质量全面提高，进一步促进投资决策科学化、民主化。

——技术更加进步。到2015年，建筑工程咨询技术进步成果显著，咨询人员的技术水平和咨询手段的技术水平进一步提高，自主创新能力进一步增强，知识产权保护与技术转移机制更加完善。

——市场化程度更高。到 2015 年，各类建筑工程咨询机构全面实现脱钩改制，真正具有市场主体地位。

到 2020 年，内蒙古建筑工程咨询业在总体规模扩张的基础上，产业结构和产业布局更趋合理，监理单位和监理人员素质明显提升，综合竞争力达到国内中等发展水平，形成一批技术手段先进、竞争力较强、在国内有较高知名度的工程咨询企业。行业法律法规体系日臻完善，全面实现市场化，市场竞争行为科学规范，行业自律效果明显，国内外交流平台基本形成。

第五节　发展的重点及任务

一、大力发展支柱产业

围绕培育和壮大建筑工程咨询业，以优势地区和优势企业为基础，加快发展工程勘察设计、工程咨询、工程监理和工程造价咨询等具备一定发展规模和竞争实力的行业。到 2020 年，工程勘察设计、工程咨询、工程监理和工程造价咨询等行业综合竞争力显著增强，成为提高整个建筑工程咨询业行业素质和推动整个建筑工程咨询业行业加快发展的主导力量。

工程勘察设计。建立健全建设工程施工图设计文件审查合格标识制度和施工图审查情况信息上报制度，依法加强勘察设计质量动态监管，推动勘察设计市场健康有序发展。逐步改变设计与施工脱节的状况，实现设计与施工环节的互相渗透，提高工程建设投资效益和技术水平。大型工程设计企业要进一步强化方案设计和设计能力，发展各类专业施工详图的集成设计能力。大力发展兼具设计施工能力的专业承包企业，促进设计与施工技术的结合与发展。围绕加快城镇化，通过科学的勘察设计，形成大、中、小城市和小城镇协调发展、空间布局合理、功能完善、特色鲜明的城镇化体系。从生态、人文、技术等角度出发，研究健康节能环保宜居新模式，通过理念创新和技术进步，营造自然和谐、安全舒适的人居环境。围绕加快推进新型工业化，按照建设"两型社会"的要求，进一步提高工业建筑、交通、水利、市政基础设施等方面的勘察设计水平和质量。

工程咨询。进一步拓宽建筑工程咨询企业业务范围和服务对象，积极发展一业为主、多种经营的综合实力强的工程咨询企业。积极延伸工程咨询的业务链，向全过程服务延伸。实施从项目规划和策划—项目建议—项目融资—可行性研究—初步设计审查—工程造价咨询—招投标代理—工程监理—项目后期评估等全过程服务。着力加强咨询服务的深度。综合运用工程技术、法律、经济和管理等方面的知识，加强市场调查、工艺水平、经济评价、风险分析等对于科学决策至关重要的内容的深度分析。

工程监理。推动工程监理企业向项目管理公司转变。引导和鼓励具备一定实力的工程监理企业在政策允许范围内，根据自身实际情况，拓展服务领域，从较低的等级开始申请工程设计、造价咨询、招标代理等新的资质，然后逐步再申请较高的资质，逐步拓展业务范围，最终发展成为可以提供全过程、全方位的项目管理咨询服务的项目管理公司。严格监理资质管理，尽快修订监理单位资格管理的法规，加快推进国有监理单位的脱钩改制工作，包括一些设计科研单位、施工单位、房地产开发单位、材料设备供应单位设立的监理机构，使国有监理单位真正成为产权清晰、职责明确、政企分开、管理科学、自负盈亏、自我发展、自我约束的市场主体，杜绝在一个经营实体内和同一行政间接、直接管辖范围内搞设计、施工、监理"一条龙"作业的"同体监理"现象，保持建设监理市场的良好秩序。落实总监理工程师负责制，杜绝总监空挂名、挂多名和工程项目将业主、设计、施工、行政管理的人员空挂为"监理"人员等现象，切实解决监理工作不到位、监理责任不落实的问题。建立项目总监理工程师、专业监理工程师和监理人员多级岗位责任制，以及相应的考核与奖罚制度，防止监理工作中的敷衍行事和弄虚作假。

工程造价咨询。适应工程计价实际和推行工程量清单计价的需要，根据《全国统一建筑工程预算工程量计算规则》，全面开展工程计价定额的修编工作。坚持"企业自主定价，市场形成价格，政府间接调控，社会全面监督"的原则，改革计价依据和计价方法，逐步形成"市场形成价格、政府宏观调控"的价格运行机制。进一步规范工程造价咨询市场，提高工程造价的服务质量和水平。加强项目库的组建，积极引入神经网络理论，充分考虑社会平均水平和企业个别水平，为准确确定工程造价提供可靠保证。建立健全专业责任赔偿制度，要求工程造价专业人员或机构产生错误后进行赔偿，以加强行业自律和提高行业信誉，约束造价咨询人员的行为，提高责任心。同时建立从业人员的"专业责任保险"制度，使专业责任风险通过市场手段转移，从而减轻执业风险，切实保障业主和从业人员的切身利益。

工程招标代理。进一步增强招标代理机构从业人员依法代理的意识，坚持依法代理，合法经营，切实维护招投标当事人的合法权益。按照诚信代理的要求，引导招标代理机构从业人员树立以诚立市，以信兴业，有诺必践，信誉至上的理念，积极营造良好的诚信代理环境，以规范、透明、高效、廉洁的代理服务，搭建起招投标代理市场信用平台。强化建设工程招投标各环节监管工作，建立全程式电子网络公开办事制度，加大电脑语音自动通知系统推广使用范围，开展无标底招标试点工作，最大限度增加工作透明度，杜绝暗箱操作，净化建筑市场环境。充分发挥有形建筑市场的作用，拓展服务范围，确保应招标项目招标率、应公开招标项目公开招标率均达到100%。加大招投标活动中的串标、围标等违法违规行为专项整治力度，依法规范交易行为，建立检查和处理结果定期公示制度，对违法违规的单位和个人，坚决实行"三个一律"，即一律给予经济处罚，一律给予纪律处分，一律公开曝光。

二、培育和发展大型企业和专业化企业

围绕建筑业振兴，坚持市场化原则，进一步提高工程咨询企业整体资质等级，加快建筑工程咨询资源整合，培育龙头企业，发展专业化企业，提升企业市场竞争力和抗风险能力。到2020年，培育和壮大一批在国内具有相当规模、特色优势明显和竞争力较强的大型建筑工程咨询企业和专业化企业。

提高企业资质等级。根据现有甲级资质工程咨询企业数量偏少的现状，结合未来一段时期建筑业振兴的要求，科学、合理地确定内蒙古工程咨询企业资质目标，加强资质申报管理工作，逐步提高整体咨询企业资质等级。重点是积极培育甲级资质工程咨询企业，鼓励和支持乙级资质工程咨询企业在继续保持现有各项资质的前提下，努力申请专业或行业甲级资质，有条件的可申请相近的其他行业的甲级资质。积极推进具备单项甲级资质的工程咨询企业申报国家综合甲级资质的工作，争取取得申报工程咨询甲级综合资质。其他资质较低的工程咨询企业，要积极创造条件，提高相应的专业资质等级。

促进企业间联合。鼓励勘察设计、咨询、监理、造价和招标等建筑工程咨询企业，走联合发展道路，通过股份制组建工程咨询企业集团，实现优势互补，规模经营，增强市场竞争力。通过参股、控股等方式将集团公司与一批企业紧密联合起来，使成员企业变成资产经营一体化的经济实体和彼此间休戚与共的利益共同体，防止过度竞争，充分发挥集团的整体优势和功能，提高集团的抗风险能力和核心竞争力。

推动企业专业化发展。引导和鼓励一些资质等级低、业务范围相对较窄的中小建筑工程咨询企业，通过调查、了解和分清建筑工程咨询市场的特点及需求、分析竞争对手和自身的优劣势所在，找准市场定位，走细分工程咨询市场、发展特色服务的专业化方向的道路。通过实行差别化策略，有针对性、创造性地开发工程咨询服务项目，逐步树立特有的企业品牌形象，不断壮大实力，提高竞争力，最终发展成为在全国范围内保持竞争优势的专业化企业和集团。

三、增强核心竞争力

以提高服务质量为重点，强化人才队伍建设，提高信息化管理水平，着力培育和增强企业核心竞争力，进一步拓展生存和发展空间。到 2020 年，整体工程咨询企业的核心竞争力明显增强，占全国工程咨询市场的份额进一步提高。

进一步提高服务质量。加强 FIDIC（菲迪克）条款的学习和宣传，提高工程咨询业的整体水平。建立健全建筑工程咨询质量监管体系，实行质量、安全责任制，严格执行有关法律法规和技术标准规范。坚持"科学、公正、客观"的原则，实施"以质取胜"的发展战略，增强以质量为核心的服务意识和职业道德，通过采取制定明确、合理的质量评估标准、形成专有的评估方法、完善信息反馈体系以及定期修改、完善质量评估体系等措施，建立科学、完整的质量管理体系，全面提高工程咨询质量和服务水平。

加强人才队伍建设。制定人才发展战略，坚持人才培训与引进并重，充分利用区内外两种人才资源，培养拥有现代科学知识、管理知识、丰富实践经验、协调能力强的复合型工程咨询人才。建立完善的继续教育培训体系，对不同岗位、不同层次的从业人员，有针对性地开展专业知识、职业道德、基本职责等方面的培训。鼓励员工参加各类执业资格考试，对取得资格证书的人员予以一定奖励。不定期组织对典型案例讨论和分析，组织企业内部人员间的经验交流以及与同行间的交流活动。建立完善的人才绩效考核机制和激励机制，最大限度地激发和调动人的积极性和创造性。

提高信息化管理水平。围绕提高行业管理水平，加快工程咨询业信息化进程，实现科学化、信息化的高效性管理。在强化行业和企业内部网络建设的基础上，组织建立内蒙古统一的信息平台，提高信息资源的共享水平和能力，为业内企业提供及时、准确、便捷的服务。抓好工程咨询统计资料的收集、整理和发布工作，建立地区工程咨询行业动态数据库，有效提高工程咨询的程序化、规范化水平和工作的透明度，减少人为因素影响。

四、加强技术创新

通过技术进步与创新，提升建筑品质，确保建筑生产质量和安全，有效节约资源和保护环境，推进建筑工程咨询业持续、协调、健康、快速发展。到 2020 年，基本形成与建筑业发展相适应的建筑工程咨询技术创新体系、知识产权保护和技术转移体系，在勘察设计、监理等主要技术领域达到国内先进水平，企业的研发能力和信息化水平有较大幅度的提高。

建立健全技术创新体系。充分发挥科研单位的工艺研发优势，高等院校的多学科综合研究优势和勘察设计、监理等工程咨询企业的工程化能力优势，建立和完善以高校和科研单位为主体的基础研究开发系统，以勘察设计、监理等工程咨询企业为主体的技术推广应用系统，以政府主管部门和行业协会为主体的支持协调系统，构建以企业为主体，以市场为导向，产学研相结合的技术创新体系。

切实发挥设计咨询的主导作用。充分发挥工程设计咨询在建筑工程咨询技术创新成果向现实生产力转化过程中的桥梁和纽带作用，紧跟国内外建筑工程设计科技发展的步伐，积极引进、消化和吸收国内外先进适用技术，不断开发新型建筑体系。着力创新设计方法，积极采用仿真技术、虚拟技术、放大技术、多媒体等多种手段，提高工程设计水平。在技术创新中追求可持续发展，设计工作中既要充分考虑结构安全、建筑外观、使用功能，又要充分考虑资源节约、环境保护和全生命周期成本等因素。

完善知识产权保护与技术转移机制。按照市场化的要求，建立以专利、专有技术权属保护和有偿转让为动力的技术创新激励机制，促进建筑工程咨询技术资源的合理优化配置。引导和鼓励企业加大技术投入，强化技术创新，研发专有技术。依法保护勘察、设计、监理等企业的专有技术、计算机软件、设计方案、勘察设计成果等知识产权。以工程项目为平台，培育技术咨询和中介服务市场，推动技术创新和科技成果转化。

第六节　对策措施

一、加快转变政府管理方式

统一行业管理。针对政府管理条块分割、多头管理的现状，政府应当从更高层次上进行统筹规划，调整部门内部的机构设置，重新划分各部门的职能范围，将原来分散的行业管理权归口集中于行业主管部门，对工程咨询进行统一的管理。在统一归口管理的基础上，打破行业垄断、地方保护和地区封锁，按照市场经济要求和资源优化配置的原则，清除带有地方封锁和行业垄断内容的规定，制定统一配套的产业发展促进政策，鼓励公平竞争，提高企业的活力、生存能力，建立统一、开放、竞争、有序的工程咨询市场体系。

积极转变政府职能。在加大财政、审批、税收、信贷等方面支持力度的基础上，遵循市场优先、行业自律优先、自主决定优先的原则，逐步实现与建筑工程咨询企业彻底脱钩，减少对工程咨询活动过多直接干预，减少不必要的行政审批，摆脱行业保姆角色。对工程咨询行业的管理方式转向依法监督管理，加强执法检查，认真贯彻实施有关法律法规，堵塞管理漏洞，培育和维护规范的建设市场秩序，将对行业管理日常工作的职能逐步交由行业协会进行。行业主管部门发挥宏观管理职能，为行业发展制定总体战略，做出长期规划，充分发挥政策杠杆作用，在税收、政策、资金等方面给予适度优惠，积极主动地促进行业的发展。

转变管理模式。目前内蒙古实行的是以企业资质为主、个人执业资格为辅的双重市场准入制度，而发达国家普遍实行的是针对个人执业资格的单一市场准入制度。要将内蒙古现行的以企业资质与个人执业资格相结合的双重管理模式逐步过渡到以个人执业资格管理为主的管理模式，鼓励从业人员发展综合素质，逐步淡化直至取消企业资质，强化个人执业资格管理，并逐步实现不同部门间的资格互认。

二、加强市场监管

加强行业法规建设。在贯彻落实国家相关方针政策基础上，建立健全内蒙古建筑工程咨询市场管理的法律、法规和制度，促进建筑工程咨询行业不断制度化、规范化。运用法律的手段建立强有力的市场约束机制，明确规范工程咨询活动中的工程咨询企业、承包商、业主、行业协会以及政府的行为，消除或减弱恶性竞争，减少行政性因素和人为因素干扰，建立统一开放、竞争有序的建筑监理市场。进一步清理和废除与建筑工程咨询业发展不适应的地方性、行业性法律、法规，做到门类齐全、互相配套，避免交叉重叠、遗漏空缺和互相抵触。

规范业主行为。一方面，尽快改变目前施工企业、工程咨询企业的违法违规行为有明确的处罚条款，而对业主违法违规行为没有明确的处罚措施的现状，从内蒙古实际出发，尽快出台规范业主行为的法规。另一方面，进一步提高业主对工程咨询的认识。加大对工程咨询服务国际惯例的项目管理机制与运作以及工程咨询服务的服务范围、管理方式、管理理念等的宣传力度，使业主深刻认识到工程咨询对工程项目的质量、进度、投资进行科学控制和提高投资效益的重要性和必要性，将强制性变为业主自愿进行的行为，减少对工程咨询工作的干扰。

规范工程咨询企业行为。切实贯彻执行国家强制标准，建立健全企业的各项规章制度，加强对建筑工程咨询业的监督管理。约束各工程咨询企业应在其执业资质范围内按市场规范要求承接业务，严禁超资质承接业务或"挂靠"承接业务。坚决取缔无证、无照从事工程咨询业务的企业，严禁无资质的单位和个人从事工程咨询活动。对违反规定将承接的监理工作分包、转包，以给付回扣、压低价格等不正当手段承担业务和签订"阴阳合同"以规避市场监管等违规行为依法予以处罚。加强对工程监理企业的审核，杜绝高资格低能力、有证不在岗、在岗但没有证等现象。

三、充分发挥行业协会的作用

加强行业自律管理。一是强化企业资质管理。对新成立工程咨询企业的资质进行严格评审。对现有的企业实行"年检复评"，对因过错造成的严重事故和重大质量问题的企业予以降级或取消资质。二是加强对从业人员执业资格管理。建立人员资格审查、监督和考核机构，严格执行资格审查、执业资格考试和注册登记。对出现较大错误的人员予以公布、处分或终身取消执业资格。三是加强协会间的协调与协作。强化各类咨询协会间的横向联系，减弱或消除政策行规中相互矛盾、不利于公平竞争的因素。四是加大协会规范咨询收费的力度。严格督促企业贯彻实施既定咨询取费标准，避免企业间在价格方面的恶性竞争现象，对违反取费标准、任意降价的企业采取处罚措施。

健全和完善服务功能。充分发挥建筑工程咨询协会的纽带和桥梁作用，为会员提供服务，反映会员诉求，规范会员行为。进一步增强为政府服务的意识，定期、准确地向政府提供本行业发展趋势的报告，为政府的政策制定提供决策依据。进一步增强为业内企业服务的意识，创新服务理念，站在全行业发展的高度上，制定行业发展目标和发展纲要，促进现代化企业制度的建立和管理水平的提高，为业内人员素质提高提供良好的培训和交流机会，加大行业宣传力度，提高社会行业整体的认同度。

进一步深化行业协会改革。加快转变相关主管部门职能，实现政府与协会彻底脱钩，支持协会建立行业自律机制，切实肩负起行业管理的职能。改革人事制度，推进协会管理干部职业化。协会主要领导不应由政府指派或由政府领导挂职，而应由协会成员企业公开选举。领导集体成员上任后要和原单位脱离关系，全力处理协会事务。

积极参与建筑业信用体系建设，建立行业内部监督和协调机制，建立对会员单位和非会员单位约束为基础的自律维权信息平台，加强对从业机构和人员的动态监管。

四、进一步规范工程咨询服务取费标准

适度提高取费标准。目前上海和深圳等地已相继对工程监理取费标准做了部分调整，上海市标准在国家基础上上调了51.8%，深圳市标准上调了79.5%。内蒙古可参照上海和深圳的做法，结合内蒙古建筑工程咨询发展现状和取费标准，综合考虑工程项目方与工程咨询企业的意见，适度调高工程咨询取费标准，以更好地促进工程咨询企业的成长和工程质量的提高，实现工程咨询优质优价。

改变咨询费用支付方法。建议在合同约定的时间内，由第三方（如建设工程交易中心、工程咨询协会或银行等）先向业主一次性收取咨询费，当需要支付费用时，第三方凭建设方在审批咨询方付款申请的基础上所签发的付款通知支付。如果建设方拒付、压低费用或延期支付，必须书面说明理由。

第九章 建筑业信息化建设的调查和重点

建筑业信息化是利用以计算机技术和网络技术为核心的现代信息技术，通过企业的内部网和外部网，开发和利用信息资源，加速信息流通，实现信息资源共享，提高信息利用能力，减少企业交易成本，改变企业生产、经营、管理和决策方式，提高企业的创新能力、经济效益和市场竞争力。严格来讲，它不仅仅是一个信息技术应用的过程，它还在很大程度上是企业管理理论、方法与体制的更新与适应的过程，也就是企业利用现代信息技术，通过信息资源的深化开发和广泛利用，不断提高生产、经营、管理、决策的效率和水平，进而提高企业经济效益和企业竞争力的过程，是企业信息流、物资流、资金流的有机统一。

第一节 信息化推进对建筑业的影响

一、建筑业信息化建设加快了工程项目管理的变革

工程管理中众多问题是由于信息无法正确、及时地在项目参与者间传递造成的，现代信息技术的出现使信息及时、准确地流通，改善了建筑管理的手段。现代信息技术的应用引起了工程管理组织中信息传递方式的变化，组织内部更多地通过水平、对等的信息传递方式来沟通，协调各方间的关系，突破了传统组织结构的有形界限，实现了对工程管理组织的变革。信息技术及时反应的特性将传统工程事后控制改为事前和事中控制，信息的及时共享和传递避免了信息不对称产生的弄虚作假，促进了建设项目管理思想方法的变革。随着现代信息技术的广泛应用，信息技术不只起到一种工具或手段的作用，还产生了一些依托信息技术的新的工程管理理论和方法，如集成化管

理、项目网络平台管理等，对建设工程管理进行了全面变革。

二、建筑业的信息化改变传统的设计观念、手段和方式

通过 CAD、三维动画、多媒体等技术的综合应用，使方案的比选、优化更为直观，有利于设计质量和水平的提高。建筑业信息化实现了建筑业从纵向一体化向横向一体化生产模式的转变。为改变建筑企业大而全、小而全的纵向一体化发展模式，转而向专业化联合、共同抵御风险模式的横向一体化转变创造了条件。

三、建筑业信息化加速施工的进程

传感技术、分析计算、数控技术、虚拟仿真技术和其他成熟的单项软件产品的应用提高了建筑产品的质量水平和操作效率，便于缩短工期、降低成本。工程项目信息化要求项目参与方均实现信息化，客观上对建设企业信息化产生需求，进而推进了建设企业信息化的进程。

第二节　建筑业信息化发展及应用状况

建筑业信息化技术主要可以分为生产过程信息化技术和管理信息化技术两大类别，信息化建设也是由生产过程信息化到管理信息化逐步发展的。近些年，随着网络技术的迅猛发展，基于网络的建筑项目信息管理平台也开始出现。建筑企业管理信息化技术也经历了由生产过程信息化技术阶段，发展到建筑企业管理信息化技术阶段，将来还要进入基于网络技术的建筑项目信息化协作管理阶段，根据我国建筑业企业管理信息化的发展，绘制阶段示意图如图 9-1 所示，目前我国建筑企业的信息化已经发展到了协同应用阶段，但只是刚刚开始。

一、建筑企业生产过程信息化技术及应用

建筑业企业生产过程信息化技术是能改变传统建筑设计与施工生产作业方式、提高建筑生产力的技术。建筑企业生产过程信息化技术通过将计算机技术与设计和施工生产设备及技术的有效结合，实现对工程设计与施工生产方法、生产工艺的变革，解决传统生产手段无法解决的问题，达到提高生产力、

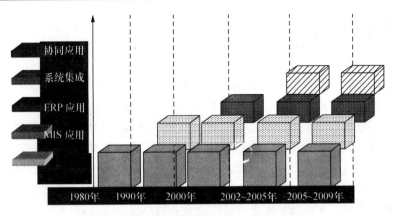

图 9-1　我国建筑业企业管理信息化发展

保证工程进度和工程质量的目标。

目前具体应用于建筑领域的生产过程信息化技术如下：

（一）设计阶段

主要有 CAD 设计技术、3D 建模软件、节能设计分析技术、日照分析技术等。这一阶段的技术现在主要应用在设计单位，进行建筑设计使用，目前已经普及，极大改进了设计工作的工作效率，现在图板制图已经被计算机设计所取代。

（二）投标阶段

主要有工程量计算机计算技术、计算机套件软件、计算机辅助投标标书制作技术等。计算机套件软件已经在工程预算领域普遍采用，取代了以前的手工套价编制预算的工作；工程量计算机计算技术在近几年得到广泛推广，但还没有达到普及程度，还有待继续进行推广工作；计算机辅助投标标书制作技术目前应用较少，只在大型建筑企业才有所使用。

（三）施工阶段

主要有计算机施工平面图绘制技术；计算机网络计划编制技术；钢筋翻样软件；模板及脚手架计算机辅助设计、计算及配置技术；深基坑围护方案计算机设计计算技术；计算机人力资源、材料、机具管理；合同管理；图纸管理等技术。目前，上述软件在大型项目上应用较多，在普通项目上基本没有使用，但随着技术扩散效果，今后以上施工阶段的计算机信息化技术也必将普遍应用在施工生产管理过程中。

（四）控制过程

主要有预决算审核、成本控制；项目财务管理；质量安全管理；施工现场监控等。目前，上述技术各施工企业应用情况不均衡，有些企业已经能熟练应用以上技术，成为企业日常管理的有力工具，但大多企业还没有开始引进此类专业控制过程技术。

总之，生产过程信息化技术主要是使用计算机软硬件，在计算机上操作替代传统纸质作业方式，提高生产作业质量与效率；但在使用信息化技术过程中，部分技术如成本控制、施工现场监控等技术还是实现了以往手工作业不能实现的实时化得到结果的管理目标，带动了企业组织、决策程序的变革。但早期的生产过程信息化技术都是只在建筑生产的某个阶段开发使用，属于单项应用技术，不能对整个生产或管理过程产生影响，而建筑企业引入管理信息化技术后，才能从根本上改变建筑企业的经营管理过程。

二、建筑企业管理信息化技术发展阶段及应用

管理信息化技术就是利用计算机信息处理能力和网络传输数据的能力将企业在管理、工程、造价、成本、物资、计划、统计、技术、质量、安全、行政等方面的信息录入处理，经集成并综合处理为企业管理者所需要的信息的技术。管理信息化技术较早应用于制造业生产管理过程中，目前在制造业已经普遍使用并卓有成效，建筑企业引入管理信息化技术是借鉴其他工业企业的成功经验逐步进行的，并且取得了一定的成果。

（1）办公自动化（OA）阶段。办公自动化一般指实现办公室内事务性业务的自动化，通常办公室的业务，主要是进行大量文件的处理，起草文件、通知、各种业务文本，接受外来文件存档，查询本部门文件和外来文件，产生文件复件等。所以，采用计算机文字处理技术生产各种文档，存储各种文档，采用其他先进设备，如复印机、传真机等复制、传递文档，或者采用计算机网络技术传递文档，是办公室自动化的基本特征，而且办公自动化无须开发专门的软件，使用普遍办公软件就可实现。办公自动化应用在建筑领域主要用于财务、统计、报表、文字处理、档案管理、办公信息资料管理、人事管理、固定资产、辅助决策等工作。目前，办公自动化已经成为企业信息化进程中必不可少的初级阶段，许多企业已经实现了"无纸化办公"，"无纸化办公"正是办公自动化的形象表现。但建筑企业进行办公自动化明显晚于其他企业，相当多的建筑企业才刚刚起步。

（2）管理信息系统（MIS）阶段。管理信息系统（MIS）是一种由许多个人、各种机械装置以及有关程序所组成的，用以从内源和外源两方面提供有关信息的综合信息化管理系统。它通过提供作为决策依据的统一的信息来为

一个企业的计划工作、组织工作、人力资源管理、指导与领导工作、控制工作，以及日常的作业服务。MIS的最大特点是数据库的集中统一，并且实现了信息资源的共享。这项工作是通过数据库系统实现的，因此数据库系统是管理信息系统的核心，也是其最显著的特征。在此阶段，由于要开发专门的企业数据库系统，所以一般都需要企业投入一定的资源进行自行开发或购买软件公司的数据库系统再进行二次开发，该系统需要投入一定数量的人力物力资源，建筑企业达到相当规模后在必要条件下才会考虑实施管理信息系统，所以该种系统主要应用在大型建筑企业中。

（3）决策支持系统（DSS）阶段。DSS就是为主管者提供信息，以便帮助他们做决策的系统。决策支持系统与管理信息系统的区别在于：MIS考虑的主要是企业内部的数据，在多数情况下主要是反映当前情况的数据，在我们前面分析的内容中，企业的内源信息是其主要处理内容；而DSS则主要向决策者提供大量的历史的和外部经济环境的数据，企业的外源信息是其主要处理内容。从功能上看，MIS的主旨是代替人们做某一部分的处理工作，而DSS的主旨是协助人们做好决策工作。由于建筑业市场外部影响因素复杂，地区市场影响因素变化大，建筑企业采用决策支持系统意义不大，目前使用不多。

（4）企业资源计划（ERP）阶段。ERP的核心管理思想就是实现对整个供应链的有效管理，主要体现在以下三个方面：

一是体现对整个供应链资源进行管理的思想。满足企业利用全社会一切市场资源快速高效地进行生产经营的需求，以期进一步提高效率和在市场上获得竞争优势。

二是体现精益生产、同步工程和敏捷制造的思想。施工企业在承接项目组织施工时，把业主、供应商、分包商等纳入施工管理系统，企业同其业主、供应商和分包商的关系，已不再是简单的业务往来关系，而是利益共享的合作伙伴关系，它们组成了一个企业的供应链。

三是体现事先计划与过程控制的思想。从而实现了根据财务资金现状，可以追溯资金的来龙去脉及所发生的相关业务活动，改变了资金信息滞后于物流信息的状况。

企业资源计划系统是目前主流的企业信息化管理系统，全球500强企业中已有80%实施了ERP系统。虽然综合项目管理系统能带来这些好处，但在国内大型建筑施工企业中却远未普遍实行。比如奥运会建设工程中的很多大型建筑项目，参与者有国家和省市的许多大型建筑施工单位，但是这些单位往往也没上 ERP 项目管理系统。当然，也有一些国内大型企业已经上马了全面的企业资源计划系统，比如国内的中建一局、中建八局、中国海外、福建安装等，这些企业一般都上马了国际领先的企业管理软件，但是这样的企业在全国数万家建筑施工企业中属于凤毛麟角。

无论是 MIS 还是 DSS、ERP，都不单纯指的是一套计算机系统，而是包括应用了此系统的专门的管理部门和人员，他们都是借助于应用先进的信息管理手段（计算机和网络等），以加强对本企业的内外源信息的综合管理，最终为企业的日常经营与决策管理服务。MIS、DSS 和 ERP 等都是几乎可以应用于所有领域的管理信息化技术，在建筑领域中的使用只是这些系统应用的一个方面，都需要软件开发机构根据建筑企业情况进行有针对性的开发工作，需要企业真正转变管理模式，投入资源才有可能成功。

三、基于网络技术的建筑项目信息化管理模式及应用

由于建筑业生产的基础是各施工项目的施工生产，建筑业的信息化管理工作也基于建设项目的信息化管理，随着网络技术的普遍使用，建设项目的网络信息化管理也出现了两种主要模式。

（一）以外联网（Extranet）作为信息交换工作的平台的项目主题网模式

企业外部网是企业内部网络服务器与公共网络实现互联的桥梁，外联网（Extranet）通常与内联网（Intranet）一样位于防火墙之后，但不像互联网（Internet）一样为大众提供公共的通信服务，Intranet 只为企业内部服务和不对公众公开，而是对一些有选择的合作者开放或向公众提供有选择的服务。Extranet 把企业内部已存在的网络扩展到企业之外，使得可以完成一些合作性的商业应用（如企业和其客户及供应商之间的电子商务、供应链管理等），用户在客户端只需要安装一台浏览器即可浏览到企业开放的项目信息。浏览器界面是通往全部项目授权信息的唯一入口，项目参与各方可以不受时间和空间的限制，通过定制来获得所需的项目信息。联邦捷运企业（简称 Fedex）的 Web 站点是最早的和最著名的 Extranet 的例子之一，联邦捷运企业曾向公众公开了它的货运跟踪系统，Fedex 的客户可以访问 Fedex 的 Web、浏览货运表、填写必要的表格，甚至可以跟踪自己货物的运行路线。在建筑领域，建筑企业建立外部网络平台，通过 Extranet 实现企业间工程建设数据快速、准确的交流，有利于对投标竞争对手资料的积累和招标工程资料，如招标人的资料、工程所在地自然条件、当地市场情况、工程项目情况等情况调查后做出科学的分析和决策。

（二）应用服务供应商（ASP）模式

应用服务供应商（ASP）模式是使用方租用 ASP 服务供应商已完全开发好的项目管理信息化系统，通常按租用时间、项目数、用户数、数据占用空间大小收费。这种模式还有直接购买和自行开发两种方式。

直接购买方式是业主或总承包商等项目的主要参与方出资购买（一般还需要二次开发）商品化的项目管理软件，安装在公司的内部服务器上，并供所有的项目参与方共同使用。

自行开发方法是用户聘请咨询公司和软件公司针对项目的特点自行开发，完全承担系统的设计、开发及维护工作。

在 ASP 模式下，企业客户将其部分或全部与业务流程的相关应用委托给服务提供商，服务商将保证这些业务流程的平滑运转，即不仅要负责应用程序的建立、维护与升级，还要对应用系统进行管理，所有这些服务的交付都是基于互联网的，客户则是通过互联网远程获取这些服务。所以，在 ASP 模式下，企业不再需要购买应用软件，也不需要采购服务器、数据库、网络设备、防火墙、防病毒的软硬件，更不需要关心日常的维护，而全交给应用服务供应商即合作伙伴负责。

由于建设工程项目的一次性、单件性、流动性的特点，建筑企业购买或开发的信息化管理软件经常会在新项目中遇到新问题，当新问题积累到一定程度信息化软件解决不了时，企业的信息化系统的实用性就会受到影响，而且施工企业还需要配置专门的机构和人员负责信息化系统的软硬件维护。在 ASP 模式下，以上问题就会由专业的服务供应商解决，使用者只进行应用就可以了。由于以上优势，ASP 模式越来越受到大多数业主、项目管理公司、建筑工程公司等的欢迎。在美国，目前已经有超过 200 家的 ASP 服务供应商提供面向项目管理的 ASP 服务。典型的如 Autodesk 公司的 Buzzsaw 等。在我国，由于企业还不习惯将企业内部业务信息委托别的公司管理，另外我国网络条件对流动性强的施工项目还不十分便利，所以我国的施工企业还没有真正采用这种模式的成功案例。

（三）基于 ASP 模式的建筑生命周期管理（BLM）协同管理模式

建筑生命周期管理（BLM）模式是 2002 年 Autodesk 公司提出的概念，该种模式认为一个建筑项目，从设计到施工到售房再到物业管理，乃至到最后拆掉，整个建筑项目生命周期，都有建筑项目的数字化数据的应用与管理贯穿始终，即"建筑生命周期管理"，进一步强调了数字化数据的管理和利用是建筑生命周期管理的核心。BLM 的思想和理念的提出是数字集成化管理在建设工程信息管理中的体现，是建设工程信息管理领域的一项重大变革和创新。BLM 不仅仅是一个工程或者服务领域的创新项目，而且还是涵盖从规划、设计、建造、运营维护、服务到最终处理的建筑生命周期的所有方面，它用于管理建筑生命周期的所有业务系统的集成。因此，同产品生命周期管理一样，建筑生命周期管理是一个集成的、信息驱动的方法，由人/组织、过程/实践和信息组成，应用于从规划、设计、建造、运营维护、服务到最终处理的建筑生命周期的所有方面。建筑生命周期管理（BLM）模式与应用服务供应商（ASP）模式相比，是在创建建设工程时就创建成灵活的三维设计数据，从而作为信息管理和共享的基础条件，然后借用应用服务供应商的网络平台，在规划、设计、建造、运营维护、服务等各方建立各自的建设工程项目文档时就建立在共同的项目网络平台上，使工程信息资料能够充分地为各方使用和有效保存。在建设工程全寿命期内，BLM 技术使工程参与各方能够进行在线的交流与协同工作，加强信息的及时沟通，促进问题及时解决，提高工作效率。BLM 的目标是通过协同作业，改善信息的创建、分享与过程管理，提高决策准确度、提高运营效率、提高项目的质量、提高用户的获利能力。

综上所述，建筑生命周期管理是建筑业信息化的目标，BLM 的实现将打破限制产品设计者、建造者、管理者、使用者之间进行沟通的技术壁垒，使得建筑生命周期各参与者通过利用产品信息实现"在最恰当的时候、利用最恰当的方法、找到解决问题的最恰当的资源"，减少产品的所有生产者、建造者、管理者、供货者和消费者的时间、信息和物质的浪费，使得建筑产品生命周期各参与者之间的相互活动取得最大利益。目前这种模式在欧美国家已经进入实际应用阶段，Buzzsaw 平台已经成功地用于近 65000 个工程项目的管理。另外，类似 Buzzsaw 平台的还有 Honeywell 公司的 My Construction 平台、Unisys 公司的 Project Center，在实际过程中也都得到了很好的应用。我国在 2005 年引入该概念模式，在哈尔滨工业大学、同济大学、清华大学等国家重点高校建立了 BLM 实验室，我国奥运会的主会场"鸟巢"、国家大剧院等著名工程都采用了 Autodesk 公司推出的 BLM 新软件和解决方案，该项技术还在推广中；同时 2009 年中国软件联盟倡导在中国工程建设行业不同环节的三家最强大的、最具互补优势的软件商：广联达、天正和 CAXA 组成紧密的联合体，强强联合，优势互补，共同为中国工程建设行业用户提供面向建筑全生命周期（BLM）的信息化整体解决方案。中国 BLM 联合体中，天正致力于贯穿建筑全生命周期 BLM 的专业应用及设计协同解决方案，广联达致力于贯穿 BLM 的造价管理、招投标管理和项目管理等解决方案，CAXA 致力于 BLM 数据互用性平台和二维和三维 CAD 的平台，三家公司在工程建设行业的不同环节，提供了从设计、施工到运维的全面信息化解决方案，产品的直接用户超过 200 万，形成了中国建设行业最强的软件产业联盟，但目前还没有形成成熟的中国 BLM 产品。

第三节　建筑业信息化发展中存在的问题及制约因素

一、外部制约因素

（1）国家建筑业信息化标准有待建立。标准化是信息化建设的重要基础，标准统一了，资源才能共享。企业内部技术标准、规范不统一，造成企业内部系统不能集成、资源不能共享的局面，严重制约企业信息化建设和应用。发达国家在项目管理、工程设计、工程施工、房地产交易管理、市政公用等各个领域，已逐步建立了较为完善的标准体系，能有效地引导、规范、整合信息化的过程，起到事半功倍的作用。而我们在这方面的工作才刚刚起步，严重滞后于信息化的实际进程，大多数建筑公司企业的现有信息系统由于没有统一的信息编码，致使企业内部各信息系统数据和信息的直接共享和交换十分困难，已有的信息不能得到充分应用，制约了企业的信息化建设。2009年国家就将"建筑业信息化标准体系及关键标准研究"列为"十一五"国家科技支撑计划重点项目中。

（2）软件开发中的相对独立的功能软件较多，软件间缺乏数据接口，不便于软件数据直接转换。目前在建筑业，已经有各种各样的应用软件投入使用，但软件各子系统融合性较差，应用软件基本上都是孤立的，彼此之间缺乏有机的联系，建筑业管理部门存在各内部管理"信息孤岛"与外部管理"信息孤岛"群，建筑生命周期内建筑业管理信息不能实现共享。就施工管理软件而言，有钢筋混凝土结构施工项目管理信息系统、钢结构施工项目管理信息系统、工程量计算软件、投标报价软件、施工详图绘制软件等。这些软件都可以很好地用于解决企业内的局部信息化问题，但这些软件往往是彼此独立的，要想在这些软件之间传递信息，或者需要经过先输出到纸面上再重新输入的过程，或者需要经过复杂的信息转换过程。这种信息传递无疑会增加工程的成本，因此，从总体上讲，计算机虽然被用在部分企业和部分项目的局部过程之中，但距离实现产业信息化还有相当远的距离。

（3）建筑信息化关键技术问题还没有解决，缺乏成熟的现代建筑信息化解决方案。目前，国内相关建筑软件开发商还处于探索及引进学习国外产品阶段，国外大的建筑软件服务商正处于中国本地化摸索阶段，缺乏成熟的适应我国国情的现代建筑信息化解决方案。我国建筑工程信息化关键技术还依赖国外技术引进，还没有开发完成适合我国使用的关键应用软件。

（4）我国建筑业信息化管理的意识还没有形成，参与各方缺乏信息建立、流通、共享的意识。目前，建筑信息制造各方相互间缺乏信息交流，各自为政，不愿将自己建立的数据信息与别人共享，这样就不利于信息的流通共享、产生价值。如目前我国建筑设计企业已基本实现了计算机出图，但这些众多的图形电子文档未能或很少能在其后的建筑施工、建设监理、物业管理中得到利用，许多基础工作又在各个管理环节重复，浪费社会资源。

（5）目前无线传输网络基础设施建设还远没有完备，制约了施工企业信息化建设步伐。由于施工企业流动性生产的特点，施工项目经常会在偏远地区从事施工作业，这些地区往往缺乏固定网络设施，而我国的无线网络建设也很滞后，这就会给依赖网络环境进行信息交流的施工企业信息化管理系统带来困难。

二、内部影响因素

（1）"一把手"工程贯彻不力，管理人员信息化意识不足，组织变革阻力大。管理层人员特别是一把手如果对于信息化的意识不够，只习惯于传统的管理模式，不能够充分认识信息资源的战略性意义，这样直接导致了两种结果：第一，管理层不重视信息化、缺乏集团化的管理理念，对于信息化的资金投入不足，这就成为信息化发展的主要制约因素。由于资金缺乏，信息化发展不平衡，一些企业设备条件较差，信息收集、处理、加工能力较低，甚至有些地方还处在手工操作阶段。第二，管理层习惯于传统的模式，而使用信息化管理系统势必会改变传统管理过程和方法体系，势必会引起实际操作人员的不习惯甚至抵制，为已有的信息化系统的运用制造了障碍，从而导致系统的闲置。归根结底，人的思想不发生变化，信息化只能是纸上谈兵。

（2）信息化建设意识不清，信息化成为面子工程。就建筑业企业来说，为了达标或塑造企业先进形象，企业是为了建信息化而信息化，导致信息化软硬件建设没有目标，信息化建设脱离实际，造成信息化在内容和形式上存在大量问题，限制了信息化系统的实际使用。最后由于对信息系统的适用性心存疑虑，放弃使用信息化系统，导致信息化建设工作失败。由此而建设的信息化失败的可能性非常大。

（3）信息化内部支撑配套环境尚未形成，造成信息化系统推行困难。大量事实证明，信息化的关键首先在于建立先进的管理模式，然后才是系统开发。信息化系统的建设并不是购置软硬件系统服务于现有的工作流程，而是往往由于信息化的特质需要在某些方面对现有工作环节或工作方法进行根本性的改造。当企业内部对这一点认识不足，没有形成支撑配套环境，没有做好组织变革的准备，就会造成信息化建设进行不下去或者推行困难的情况。

（4）信息化建设缺乏统一规划，各部门引进信息化系统不考虑系统间的兼容，造成各系统各自为战，无法形成企业的整体信息化数据。多数企业信息化建设缺乏统一规划，无法利用信息化，通过同一数据平台监控各个业务系统，让实际施工过程中的资金状况、成本状况、收入状况直接显示出来，便于财务监控。大部分企业以开发单机版应用软件为主，仅仅利用了计算机计算速度快的特点，没有形成网络，没有实现信息的共享和自动传递。就部门而言，工作效率高，但部门之间各自为战，缺乏沟通，往往导致重复性作业。如何将财务会计流程与经济业务流程有机地融合在一起，将财务信息与业务信息一同纳入企业的管理信息系统中，实现信息的共享，是企业急待解决的问题。

（5）建筑企业信息技术专业人才缺乏。信息化是近几十年才迅速发展起来的一个领域，并且研究开发和应用的速度越来越快，呈现出专业技术人才短缺状况，建筑业行业内信息化技术专业人才缺乏就更加明显，既懂信息化又熟悉行业情况的复合型人才奇缺。若想信息化的开发建设、运行管理取得成功，必须在行业内培养出一支信息化技术专业队伍。

第四节　内蒙古建筑企业信息化建设现状调查

为了进一步摸清内蒙古建筑施工企业及施工项目的信息化现状，作者特组织对内蒙古正在施工的部分建设项目作了调查。此次调查数据采集工作于2009年6月中旬到10月初进行，数据反映了受访项目当时的信息化状况。

一、基本调查情况

本次调查总体设定为内蒙古在建的施工项目，最终收集有效数据 41 份，调查方式为填写调查问卷的方式。调查施工项目涉及区内企业 26 家，区外企业 6 家，其中一级资质企业占 13 家，占 40.6%，二级资质企业 14 家，占 43.8%，不明资质情况的企业 5 家，占 15.6%，没有特级企业数据，受访企业以中等规模以上为主。

受访企业的经济类型既有国有及国有控股企业（以下简称国有企业），又有私人企业。调查的 41 个项目地区分布为：东部 4 家，占 9.8%；中部 34 家，占 82.9%；西部 3 家，占 7.3%。东部范围包括赤峰市、通辽市、呼伦贝尔市、兴安盟；中部范围包括呼和浩特市、包头市、鄂尔多斯市、乌兰察布市、锡林郭勒盟；西部范围包括乌海市、巴彦淖尔市、阿拉善盟。考虑到中部地区是内蒙古经济发展速度较快的地区，建筑业也比较发达，因此本次调查的施工项目的信息化水平可能高于内蒙古平均水平。

二、调查问卷分析

（一）硬件装备状况

硬件平均拥有量。受访项目中，施工现场配有电脑的比率为 100%，其中 18 个项目配有 1 台电脑，占 43.9%；10 个项目配有 2 台电脑，占 23.4%；8 个项目配有 3 台电脑，占 19.5%；2 个项目配有 4 台电脑，占 4.9%；2 个项目配有 6 台电脑，占 4.9%；1 个项目配有 13 台电脑，占 2.4%。另外，上述项目中，拥有笔记本电脑的有 13 家，占总项目数的 31.7%。以上数据说明内蒙古施工项目现场已经开始普遍使用计算机进行相关工作。进一步分析发现，大型企业项目使用电脑的台数高于小型企业；大项目使用电脑的台数高于小项目。

互联网接入及局域网建立情况。虽然施工项目现场电脑配置比率很高，但现场接入互联网的比例并不高，受访项目中，67.5% 的企业没有接入互联网，只有 32.5% 的企业已经接入。互联网局域网的建设比率低，建立局域网的项目仅占 20%，没建的比率为 80%。这可能是由于建筑施工流动性的特点，限制了企业对网络建设的投资热情。

互联网接入目的。接入互联网的目的，主要为收发工作邮件和上网查找资料，与上级公司信息系统联网的仅占 10%，这说明施工项目部与上级公司没有很好的信息化管理平台，项目数据只是一个个信息孤岛，不能为上级公司及时、实时掌握。

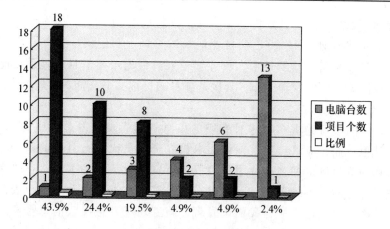

图 9 - 2　施工现场电脑配置情况

（二）软件应用情况

在施工项目现场的电脑中，安装有 Office 办公软件的占 100%，CAD 制图软件的占 78%，财务软件的占 29%，工程项目管理软件的占 44%，预算套价软件的占 29%，工程量计算软件的占 34%；而且现场电脑 80.5% 常用于项目文档处理，49% 常用于 CAD 软件绘图，90% 常用于存储工作资料，29% 常用于应用专业软件工作，还有 19.5% 用于打游戏、看影视、听音乐等娱乐。以上数据说明现场电脑目前最主要用于文档的编辑和存储，但工程技术和经济的专业软件也已经开始广泛使用。

（三）项目管理信息系统的使用

在调查中，有将近一半的项目声称安装有管理信息系统，但只有 70.3% 的信息系统一直在使用，近 30% 的系统偶尔使用甚至不使用，使用过程中认为管理信息系统效果明显的仅有 22.7%，77.3% 的认为管理信息系统使用效果一般甚至无效。这说明管理信息系统在施工项目管理中并没有发挥出很好的作用。但在调查时也发现，施工现场管理人员、技术人员对于管理系统的需求还是十分迫切的，管理人员普遍认为管理信息系统能提高效率、便于沟通、信息方便储存和共享，造成目前需要但还不能很好应用的原因是信息系统不实用、不会用，信息系统价格偏高不能普遍用，还有一个重要问题是信息系统不统一，制约了信息的流通。

在调查中，技术人员和管理人员对项目信息管理系统应该具备的功能比率由大到小排序分别为：财务资金管理（56%）、项目人力资源管理（51%）、技术质量管理（46%）、项目成本管理（34%）、风险分析（39%）、文档管理（29%）、项目跟踪（27%）、材料管理（27%）、项目合同管理（24%）、项目计划（24%）、项目评估（22%）、项目报告（15%）、项目范围管理（15%）等，说明技术人员和管理人员首先希望信息管理系统能完成技术、经济等方面的管理工作，其次是项目的日常文书、资料管理工作。

（四）信息化人员情况

被调查的项目绝大多数都有专职的信息管理人员，占总比率的92.5%，这好于其他行业，应该与建筑项目要求设立资料员岗位有直接关系。另据调查，现在的资料员也都普遍使用计算机进行资料收集整理工作，有的企业已经购置了专门的资料管理软件，可以在输入基础数据后自动生成报表，提高了工作效率。但在调查中，我们也发现，施工现场普遍反映信息管理人员对电脑使用还是不得心应手，需要提高工作人员的计算机及网络使用水平。

三、调查结论

（1）本项目调查涵盖的范围还不是十分广泛，还有待加大调查的深度和广度。本次调查采取了41个项目样本，数量还是不够充足，只能是近似内蒙古建筑企业和建设项目的实际状况。而且东部和西部的样本数量偏少，使得本次调查只能较好地反映内蒙古中部的建设项目信息化状况，对东部和西部还不具有较高的代表性。

（2）建筑企业对信息化的重视程度有所提高，但还很落后，尤其应用网络技术方面差距较大。这次调查显示，所有的项目部都配备有电脑，绝大多数项目都有专职的信息管理人员，而且电脑也在工作中发挥着作用。但现在内蒙古的电脑使用还集中在单项软件的应用上，如Office办公软件和专业技术经济软件，并没有真正发展到使用计算机进行信息管理的阶段，主要体现为众多项目还没有信息管理系统、用信息管理系统的企业或项目应用情况也不佳、大多数项目电脑没有接入互联网或局域网，这样就限制了项目信息的流通，更谈不上与总公司及时的数据交流与共享。根据上面我国建筑业企业信息化发展阶段的图示，内蒙古的整体水平才刚进入第二（MIS应用）或第三（ERP应用）阶段，处于国家2000年初期的阶段水平，与先进地区的差距十分巨大。

（3）企业项目信息化取得了进展，但发展不平衡。20世纪90年代初期以来，内蒙古信息化已经走过了十余年的发展历程，从总体上看，网络技术的成熟为我们建筑业实现信息化创造了条件，发展是稳步的、健康的。但我们在调查中也发现，信息化实施较好的项目还集中在相对发达的城市地区，广大的城镇和乡村的项目信息化建设基本还处于空白，还需要我们不断推进这些地区的信息化建设工作，使这些地区的企业不至于脱离信息化飞速发展的时代。

第五节　建筑业信息化建设的重点与任务

内蒙古建筑业信息化发展水平相对落后，要想加快内蒙古建筑信息化发展步伐，就需要借鉴国外及国内先进地区的经验，围绕信息技术与传统产业的结合，按照总体规划、分步实施、重点突破、注重实效的原则，立足内蒙古建筑业实际，运用信息技术全面提升建筑业管理水平和核心竞争能力，实现建筑业跨越式发展。跟踪国际先进水平，加快与国际先进技术与管理接轨的步伐，形成一批具有国内先进和国际水平的现代化建筑企业。

一、发展重点

从政府信息化建设入手，以发展电子政务、实现"电子政府"为目标，加强政府管理模式改革，优化政务工作流程。政府信息化建设不能简单地将现有业务、办公、办事程序原封不动地搬上计算机，而是要对传统的工作模式、工作方法、工作手段进行革新。

（一）建立信息化标准体系

按照自治区政府以及建设部的统一部署，组织制定建设领域信息化工作总体规划，研究出台建设领域信息化政策，尽快建立信息化标准体系，加快推进内蒙古建设信息资源一体化进程，积极开展关键性难点技术的攻关工作，通过培育政务信息化典型地市、企业试点工程，打造适合内蒙古城镇规划、建设、管理与服务的信息化体系。

在不断完善建筑信息化总体建设方案的同时，要进一步明确和细化内蒙古建设事业信息化建设的阶段目标及具体任务，完成建设领域信息应用平台的总体建设框架、关键技术、标准体系、主要应用服务系统和保障体系的规划设计。初步完成建设行业网络通信基础设施、空间数据基础设施（基础地理信息系统）、电子政务、电子商务，以及其他应用服务系统、数据资源整合和信息标准体系的技术方案设计，并根据内蒙古建设事业发展的现实需求和实际能力，有计划、有步骤地分期分批组织实施。

建立建设领域信息化标准体系。按照建设部相关专题标准研究制定符合内蒙古要求的建设领域信息化基础标准、信息网络和计算机基础标准、信息分类和编码标准（包括城市规划、城市建设、建筑业、住宅与房地产、其他行业）、信息技术应用标准（包括电子政务、电子商务、GIS、GPS、CAD、IC卡等）和信息化安全标准。

制定建设领域信息化技术政策与管理办法。根据国家对于信息化建设的要求及内蒙古建设领域的实际情况，制定相关的技术政策与管理办法，规范内蒙古建设领域信息化建设的技术要求，解决信息化建设过程中出现的问题，强化信息化建设的整合意识、开放意识、共享意识。

（二）构建适应建设领域发展的电子信息支撑平台

加快推进建设领域知识协同管理平台的建设。逐步开展建设领域基础信息资源数据库的建设，通过基础信息的收集、整理、编辑加工等流程，形成建设领域可供参考的知识库体系，并分阶段建立远程教育系统，在内蒙古建设领域逐步推进网络教学与职业培训工作，改善内蒙古建设领域知识结构、优化信息资源，充分发挥知识指导实践的作用。研究制定内蒙古建设领域知识协同管理平台的规范和标准，并在现有信息数据库的基础上，加快资源整合，形成标准统一、共享开放的知识管理系统平台。

加快推进建设领域业务协同管理平台的建设。依照《中华人民共和国行政许可法》及自治区对于行政审批的要求，加快内蒙古建设领域行政许可事项"一站式"审批系统平台的建设，以快捷、便民、互联互通为主要目的，融合行政管理、行政服务、行政审批等政府职能，参考现有市场监管手段，借鉴其他省市诚信档案管理的成功经验，研究建设领域各行业数据统计系统模型，制定行政审批、决策支持的技术措施与实施方案，逐步形成统一的电子政务协同管理平台。同时积极配合行政审批大厅的建设，分析整理行政审批业务的标准和流程，做好"一站式"审批的网络应用系统建设。充分利用网络技术，最大限度地减少主观因素对行政审批的影响。用现代化手段构建"阳光政府"，促进社会监督，加大政务公开透明的程度，为科学地开展审批管理业务提供必要的条件。

（三）加快推进信息互动服务平台的建设

加快完善政策措施，通过合理的政策、资金和项目安排，加大财政投入和政策倾斜，集中力量支持信息化网络应用基础建设，带动提升区域信息化应用水平。利用现代信息技术和多种信息化媒介的延伸功能和服务手段，发挥建设系统主管部门的辐射带动作用，推进内蒙古建设信息互动和资源共享。

按照统一的原则，建立覆盖全自治区的统一的建设系统信息互动服务平台。

以协同办公及区政务信息交换平台数据库为基础，整合优化门户网站、专业网站及各服务平台的政务信息资源库，开展手机短信、网络电话、视频会议等即时通讯手段，实现快速信息交流，及时反馈决策层信息，做到信息传递及时、准确。

加大信息服务力度，整合并监督城市建设服务热线系统，加快政务大厅信息化建设，以大屏幕信息发布、触摸屏信息查询为辅助手段开展服务，与其他相关部门协商合作，逐步建立完善的业务咨询信息服务。

（四）加快推进建筑企业信息化工作

利用现代化信息手段，加快推进招投标监管系统的建设，并逐步完善监管功能，重点实施建筑业企业资质管理及执业人员监督管理系统的前期准备工作。在企业资质管理及执业人员监管系统完成的基础上，逐步建立完整的建筑市场监督管理数据库，完成企业的资质管理、档案管理、业绩管理和从业人员的认证、考核、备案管理等工作。逐步实施对建设工程报建管理、建设工程施工图审查管理、建设工程施工招投标管理、建设工程监理招投标管理、建设工程材料招投标管理、建设工程评标专家管理、建设工程质量监督管理、建设工程安全监督管理、建设工程执法监察管理、建设工程执业人员管理等业务监管系统的建设。实现建筑材料、机械的网上信息发布和监管。

各级建设行政主管部门要加大对企业的调研力度，以有实力、有发展潜力的企业为信息化建设试点，着重围绕项目管理、财务管理、施工管理、工程造价管理、资源管理等方面建立统一的管理平台，以点带面，引导企业明确建设方向。逐步提高内蒙古建设领域企业技术含量，从而提高整体的竞争实力，使内蒙古建设企业具有较强的竞争能力，确保全自治区建设企业信息化工作健康发展。

对于不同等级的企业，制定相应的企业信息化建设目标。

特级、一级资质企业。特级资质企业应围绕核心业务，基本实现整体管理过程的信息化，逐步建立和完善网络平台和应用体系。重点建设"一个平台（网络平台）、两大系统（项目管理系统和经营管理信息系统）"，制定企业信息化发展规划，提高信息技术投入产出比，力争到2013年信息技术的应用达到当时全国一流的应用和管理水平。

二级资质企业。二级资质企业应围绕核心业务，实现部分管理过程信息化，初步建立网络平台和应用体系。在网络平台建设方面实现在企业总部和项目两级逐步建立局域网，并通过简单方式实现总部与项目的连接。建立以信息发布、电子邮件、档案管理、财务管理、人力资源管理、固定资产管理、项目统筹管理为主的经营管理信息系统。逐步确立和完善综合项目管理系统的总体框架、项目数据库、项目管理工作流程与系统的信息流程、规范代码与编码体系、建立各种定额库。

三级资质企业。三级资质企业应做好企业信息化建设规划，逐步开始信息化建设工作，购置相应的软、硬件系统，应用基本的辅助生产过程的工具软件替代手工作业，提高工作效率。在每个施工项目部，都应该配备计算机，安装专业软件工具，联入互联网，并有专门的管理人员进行管理工作。

二、主要任务

围绕《施工总承包企业特级资质标准信息化考评表》（具体见附表）中规定的考核内容，并结合企业自身的管理组织模式、项目组织模式以及管理方式等推进信息化建设。

（一）加快推进建筑企业信息化基础设施建设

为保证信息化数据的安全与系统的持续运转，需要对数据及时进行安全保障，具体措施为及时进行数据备份。资金保障和制度保障是信息化成功实施的关键，信息化建设将随着企业的发展、管理流程的变化而持续发展完善，无论是在信息化管理导入期，还是正式上线后的成熟应用期，独立的预算和可执行的制度都是信息化成功应用的有力保障，因此，务必保证信息化建设有足够的资金保障及企业高层领导的支持，保障信息化建设的实施。每个建筑企业都需要建立对外门户网站，对外门户网站是树立公司品牌、宣传公司形象的平台，突出发布信息的作用。

（二）强化建筑企业信息化综合项目管理系统建设

通过信息化手段，加强各项目间的工作协同，快速获取各个项目的进度、合同、物资、成本、安全、质量、竣工等信息，以实现公司对项目的监管。同时，进行多项目数据汇总分析以及项目间数据对比分析等。加强对各项企业管理应用的集成，包括与财务管理、人力资源管理、协同办公管理、档案资料管理的集成，该类集成包括应用上的集成（如各个系统实现同平台登录等）以及数据集成（如合同结算数据自动生成财务凭证等）。

通过专业造价软件和施工组织技术模板，实现经济标电子标书的制作，明确各专项工作需要的技术措施，查找知识库进行技术标的编制等，完善招投标管理。在进度计划编制过程中显示项目时间限制、关键路径分析、资源分析等功能，最终目的是可以编制切实可行的项目进度计划并可以动态调整。

在成本管理方面，能够实现项目成本预算、实际成本记录以及对比的功能。在物资管理方面，应该具备物资分类管理、统一编码、材料需求请购单据、材料采购计划制订、材料采购订单管理、按照需求提出组织的入库统计报表、物资出入库统计、物资收发存报表的自动获取、物资明细报表查询。在安全管理方面，应建立安全知识库，用于存放安检标准、法律法规、安全管理流程等信息，并且在安全检查或平常的学习中可方便获取该类知识，制定安全标准。考核分包单位的安全，对分包单位的安全违规事件进行考核，且该考核记录伴随该分包单位，在进行承包商评价时可作为参考依据等。

三、分阶段推进建筑业建成信息化建设工作

应本着"总体规划、分步实施、效益驱动"的原则进行建筑业信息化。首先，信息化本身是与行业发展、企业发展紧密相连的，需要在政府指导下，按照企业的总体发展框架，进行企业信息化的初步方案设计及详细设计。只有进行详细设计，才能使企业信息化进展得顺利、高效、低成本，才能保证建立起来的信息技术体系能够与业务活动和生产经营紧密相关，为企业的生产和经营提供有效的支持。

建筑业管理信息化的发展模式可以分为两种。一是政府全面主导模式，如日本推进建设 CALS/EC 进程，基本做法是：由行政部门加强领导协调工作，并明确行业信息化的目标，有计划、分步骤地推进信息化，确保总体目标的实现；芬兰对建筑业信息技术的研究工作都是由政府倡导，通过公共实验室完成的。二是以应用驱动模式为主，如美、英等国 20 世纪 90 年代以前整个建筑行业管理信息化几乎没有研究与开发活动，行业管理信息化的发展源于建筑应用与发展信息技术。

根据内蒙古的实际情况，应采用两阶段发展模式较为合适。

第一个阶段，可以采取赶超战略的政府干预模式，由政府出台具体信息化建设规定，促进内蒙古建筑业管理信息化的发展。由于建筑行业管理信息化是一个系统工程，其范围涉及电子政务系统和社会信息化，电子政务系统在外延上涉及政务应用系统建设和使用、政务信息资源开发和利用以及统一政务网络平台建设三方面业务。统一的政务网络平台是电子政务的网络基础设施，也是前提条件。电子政务安全体系、电子政务标准化规范体系，以及基于电子政务网络的统一资源管理体系等贯穿始终，因此政府全面主导具有防止不同部门之间的"信息割据"和"信息孤岛"的优势。

第二个阶段，通过第一阶段规定的实施，在信息化建设已有一定基础的

条件下，采用间接调控与自由放任模式，以市场需求为主导，逐步调整建设项目管理的内部结构与外部环境，提高建筑企业信息化管理水平。尤其是国家新的建筑企业资质要求对企业信息化建设有详尽的指标要求，政府应该引导协助企业按照资质评审要求进行信息化的规划，然后由企业在市场中选择适合自身情况的信息化建设模式。

第六节 推进建筑业信息化建设的主要措施

一、加强组织领导

信息化建设是一项复杂而持久的系统工程，必须强化管理机制，加强规划与管理，减少不必要的浪费，避免重复建设。因此，建议各级建设行政主管部门应当由主要领导亲自负责信息化建设的领导和协调工作，研究制定相关的规划与管理制度，解决信息化建设过程中的重大问题。内蒙古建设领域各级信息化建设部门应当协调一致，建立自治区、市二级信息化建设联席会议制度和部门信息主管（CIO）制度，统一思想，及时沟通协调信息化建设中的有关问题。同时建议建立建设信息技术专家委员会，听取专家的意见建议，充分发挥专家委员会在内蒙古建设领域信息化建设中的指导和参谋作用。

二、完善规章制度，做好标准化工作

根据国家、自治区的有关法律、法规和规定，结合自治区信息化建设实际情况，依照自治区政府对信息化建设发展的统一要求，建立并逐步完善信息化建设管理体制与运行机制，制定相关的管理制度，规范内蒙古建筑信息化建设工作，规范信息化建设中出现的渠道不畅、"信息孤岛"等问题，加强信息资源的公开与共享，避免重复投资，增加信息化建设的效率与实效。建议尽快研究制定全自治区建设领域信息化建设的相关标准、监督制度、考核标准，切实加强对信息化建设项目的监督管理，推进内蒙古建设领域信息化工作快速良性发展。

三、保障建设资金投入，拓宽投资渠道

拓宽信息化建设融资渠道，保证信息化建设资金的投入，明确信息化建

设的投资方向，强化资金管理体系，统筹安排、协调管理、杜绝重复投资和资源浪费。建议各级建设行政主管部门要在逐年增加对信息化建设资金投入的同时，完善资金管理体制，拓宽投融资渠道，广泛吸纳社会投资，逐步形成由多种投融资渠道、多元投资主体构成的信息化建设投融资格局。同时，制定信息化建设的相关优惠政策，探索信息化建设项目市场化运作的新思路、新方法，鼓励企业参与信息化建设的市场运作。通过向社会提供信息增值服务，来稳定信息化工作队伍，使建设领域信息化良性滚动发展。

四、加强合作交流与技术创新

从世界各国建筑管理信息化的发展看，无论是信息化水平高的国家，还是信息化水平低的国家，在建筑业管理信息化建设中都是先以引进技术为主，逐渐转向以创新开发新技术为主。因此，内蒙古应加强调查研究与技术交流，及时掌握国内外建设及相关领域的信息技术及发展动态，加强与国内外、区内外的技术合作，不定期组织相关专家进行研讨交流；派遣技术人员及管理人员到区内外信息化研究机构进修培训；引进国内外先进的技术和管理经验；研究制定竞争机制，鼓励信息化项目建设承包商参与内蒙古的建设领域信息化建设。但技术创新是建筑管理应用信息技术的原动力，当内蒙古在建筑信息化建设有一定经验的情况下，要把握发展时机，提高创新意识，研发适合内蒙古使用的建筑信息化系统，完善内蒙古建筑信息化的体系结构。

五、加快专业人才培养

人才是信息化建设的根本保障，研究制定科学的人才引进机制，实行人才激励机制，争取未来在内蒙古建设领域拥有三支成熟的信息化建设的人才队伍：即具有较高专业技能、掌握信息技术前沿发展并有创新能力的专家队伍；掌握信息化专业知识、熟悉信息化建设理论并了解建设工程理论与网络技术的管理人才队伍；熟练掌握网络与计算机技能、具有信息资源与项目系统开发能力的技术人才队伍。在此方面，建议政府设置建筑信息化建设领域的科学研究课题，加强与区内外高校的联系，共同开展专业人才的培养和继续教育工作。

六、坚持先进适用、量力而行

在推进建筑信息化工作中，要结合实际，逐步实施，切勿贪大求全。一些企业不顾自身条件，盲目追求业务处理自动化、决策自动化等更高层次的信息化建设，而忽视了企业信息库的构建这一基础性工作。形成"贪大求全"、"重硬轻软"、"重建轻管"、"重数据轻文档"的局面，造成企业有限资源的巨大浪费。还有一些企业虽然重视企业信息库的构建，但在引进设备和推进信息化过程中，前期缺乏系统咨询和充分论证，导致企业信息系统不能集成，难以与外界实现体系兼容、信息共享，产生"信息孤岛"。

因此，在推进企业信息化建设过程中，政府要引导企业量力而行，注意处理好先进与实用、当前与长远、局部与全局的关系。在硬件和软件选用、网络建设等方面，既要充分考虑企业的现实需要，也要为今后的升级奠定技术基础。要根据"先进适用"的原则选择管理软件，把适当引进与自主开发紧密结合起来，重视搞好软件二次开发和创新，确保软件的先进性和适用性。企业信息化建设是一个逐步推进和不断完善的过程，不可能一蹴而就。对于企业信息化，既要有高瞻远瞩的战略眼光，又要有脚踏实地的务实精神；既要坚持企业的当前需要与长远发展相结合，又要突出重点，量力而行，讲求实效。

第十章 建筑业与房地产业的作用途径

建筑业和房地产业是国民经济的支柱产业，就业容量大，产业关联度高，一直是我国投资的热点领域。全社会一半以上的固定资产投资要通过建筑业才能形成新的生产能力或使用价值。房地产业和建筑业是联系极其紧密的关联产业，一个地区的房屋市场的变化不仅对房地产业，也对建筑业产生直接重大的影响，特别是以房屋工程建筑业为主的内蒙古建筑业更是如此。因此，内蒙古房地产业在快速增长的同时，必须通过资本、产业链条、技术等因素，提升对内蒙古建筑业的积极影响，从而促进建筑业结构调整和产业升级，形成房地产业和建筑业良性互动的发展态势，更好地服务于国民经济的战略性调整。

第一节 房地产业对建筑业的作用机理

一、房地产业与建筑业的区别

（一）建筑业与房地产业的涵义不同

建筑业是以建筑产品生产为对象的物质生产部门，是从事建筑生产经营活动的行业，按照我国国民经济行业的新分类标准，建筑业由勘察设计业（包括工程勘察、工程设计）、建筑安装业（包括土木工程建筑业，线路、管道和设备安装业，建筑物和装修装饰业）、建筑工程管理、监督及咨询业组成。

房地产业又称房地产开发、经营和管理业，是指从事房地产开发、经营、管理、服务等各类经济活动的行业，是国民经济中具有生产和服务两种职能的独立产业部门。房地产业包括土地开发和再开发、房屋开发和建设、地产经营（土地使用权的出让、转让、租赁和抵押等）、房地产经营（房产买卖、租赁、抵押等）、房地产中介（咨询、估价、测量、公证等）、物业管理（维修养护、保安、保洁、服务等）、房地产金融（抵押贷款、保险、信托等）。它体现了房地产经营过程中各种参与者之间的经济关系。房地产业可分为房地产投资开发业和房地产服务业。房地产服务业又分为房地产咨询、房地产价格评估、房地产经纪和物业管理等。其中，又将房地产咨询、房地产价格评估、房地产经纪归为房地产中介服务。

（二）建筑业与房地产业的产业属性不同

建筑业是指从事各类建筑产品开发建设和有关各种设备装置的安装的物质生产部门，属于制造业，直接从事房屋生产和其他建筑物的建造、改造、装修、安装等物质生产活动，它的产品就是建筑物。建筑业属于第二产业。根据目前产业结构的划分方法和我国政府的有关规定，建筑业的组成主要包括：土木工程建筑业、线路管道设备安装业、勘察设计业，它完全是一个物质生产部门，并且建筑业不仅包括房屋建筑产品的生产，还包括各种非房屋建筑产品的生产，如道路、桥涵、港口、码头、水坝等。

房地产业主要是开发、经营和管理业，而开发过程中的房地产的建造，通常是由建筑业者来承担的，所以房地产业总体上属于新兴服务行业，是以第三产业为主的产业部门，在国民经济核算和统计中列为第三产业的第二层次。房地产业兼有生产（开发）、经营、管理和服务等多种性质，从房地产业的基本含义及产业划分来看，无论国外还是国内，房地产业都是作为一个独立的产业部门而存在着的。

（三）建筑业与房地产业的主打产品不同

建筑业主要从事房屋的生产、改造、装修等建筑物的生产；而房地产主要从事房地产开发、销售、管理等经济活动，主要为生产、流通和消费提供服务性劳动。如果把所有从事与房屋有关的行业当成一个大公司，那么建筑业主要负责这个公司的"生产"，属于生产部；房地产业主要负责这个公司的"销售"，属于销售部。它们在公司的同一个流水线上，但负责不同的业务。

二、建筑业与房地产业的联系

建筑业和房地产业从概念到产业属性、经营产品都存在一定的区别。但是，由于房地产业中的房产建设是由建筑业来完成的，并且房地产投资的70%左右是住宅投资。显而易见，建筑业和房地产业也有着一种相互依存的关系，它们是相互邻近的行业。

（一）建筑业与房地产业实施对象和经营对象的联系

　　房地产业与建筑业实施的对象和经营的对象都是土地、房屋等不动产，在经营过程中互相渗透和交叉，存在着紧密相连的关系。在房地产开发过程中，涉及很多的经济活动，这些活动有些属于建筑业，有些属于房地产业（见图 10 - 1）。

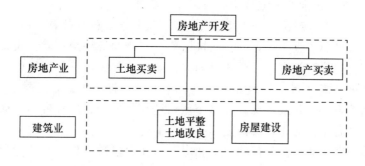

图 10 - 1　房地产开发中的各项经济活动

（二）建筑业与房地产业的互兼现象

　　在现实生活中，房地产业与建筑业存在互兼的现象。房地产开发商自己兼营建筑业，用自己经营的建筑公司建筑自己经营的房地产；或者建筑商直接开发经营房地产，即自己生产、自己销售、自己经营。

（三）建筑业与房地产业的相互促进关系

　　房地产业与建筑业存在相互促进、共同发展的互补功能。房地产业与建筑业的景气与萧条是同步的。随着房地产开发建设的停滞，建筑业的发展就成了一句空话，房地产业的迅速发展，要求以建筑业迅速发展为后盾，否则，房地产业的发展就成了无米之炊。一个国家出现经济萧条时，首当其冲的也是房地产业和相伴的建筑业。建筑业对房地产业发展的推动作用主要表现在建筑产品成本的高低和技术进步，直接关系到房地产开发建设的经济效益和社会效益，从而影响房地产业的发展速度。世界房地产业的历史发展已显示，只有建筑业的科学化和现代化，才能使房地产业现代化。

三、房地产业对建筑业发展的作用途径

（一）房地产业资本溢出拉动建筑业发展

　　房地产业的经营对象是各种功能的房屋建筑及相关服务。各种房屋的建设是由建筑企业（建筑业）施工完成，因此房地产业越活跃，需建造、维护的房屋越多，可直接扩大建筑业的经营规模。改革开放后我国房地产的产业化发展，使城乡各种房屋建设投资主体由以单一的政府为主转变为私人、集体、政府等投资主体的多元化。特别是城镇住宅建设资金主要是由房地产商投资或组织。因此建筑业的投资资金中很重要的房屋建设资金主要由房地产业直接投资或间接组织来完成的。

（二）房地产业产业链延伸带动建筑业发展

房地产在中国高速增长的经济中具备了支柱产业的地位和作用。据测算，房地产业与多个产业存在直接与间接的联系，产业链特别长，产业关联度也特别大，它的前瞻效应、后续效应和旁侧效应非常突出。具体来讲，房地产业的发展可以直接带动建筑业、钢铁、水泥、木材、化工等建材业的发展，带动配套设施、公共服务设施和整个城市建设的发展，间接带动装修业、消费品工业和商业、文化教育的发展，其产前、产中、产后带动的相关产业多达五十多个产业部门、几百种产品和服务。其中建筑业是房地产业衔接最紧密、可直接带动的产业之一。

（三）房地产业技术创新扩散推动建筑业发展

随着房屋的高端化、智能化、信息化、生态化的发展，对建筑企业提出更高的技术要求，可加快建筑企业的升级改造，促进建筑业发展。目前国内住房产品逐渐由"安置型"转为"康居型"，住房发展由以数量发展为主转为数量和质量并重发展。越来越多的居民需要的是能满足现代化生活需要的现代住宅产品。中国房协最近组织内地的开发商考察了深圳、广州、上海、杭州等地的精品和热销楼盘。这些精品和热销的楼盘规划合理，既节约用地，又注意环境，设计精良，处处体现"以人为本"，同时创新意识强，卖点多，具有可持续发展性，品牌企业开发出了品牌楼盘，品牌楼盘造就了品牌开发企业，品牌开发企业自然需要品牌建筑企业。

第二节　房地产业对建筑业的作用与实践

一、内蒙古房地产业发展现状

（一）房地产开发投资成为固定资产新的投资增长点

内蒙古自 1984 年实行房地产开发以来，到 2007 年内蒙古累计完成房地产开发投资 1544.47 亿元，其中商品房屋开发 1289.96 亿元，占房地产开发总投资的 83.5%。在商品房屋开发建设中，商品住宅完成投资 1127.38 亿元，占商品房屋开发投资总额的 87.4%。特别是"十一五"以来，内蒙古房地产开发完成投资年均增长 65.6%，远高于"十五"时期的 29.09% 的增长速度，2008 年达到 736.08 亿元，房地产开发已成为固定资产投资中增长最快的部分，是拉动投资增长的重要力量。

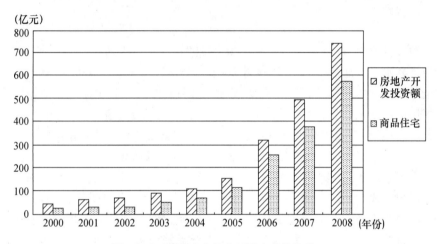

图 10 - 2　内蒙古房地产开发完成投资情况

（二）房地产开发企业数量猛增，开发面积逐年扩大

内蒙古由 1984 年为数很少的几家房地产开发企业，到 2007 年底已发展到 2243 家，累计建成各类商品房屋 8307.01 万平方米，其中商品住宅 6796.42 万平方米。自"九五"开始，内蒙古房地产开发迅速发展，五年间商品房屋开发面积平均每年以 48.83% 的速度增长，比"八五"期间年均增速高 29.16 个百分点。"十五"期间，平均每年竣工商品房屋 687.26 万平方米，其中商品住宅 534.36 万平方米，占同期住宅建设总量的 50.84%，较"八五"期末高 30.64 个百分点。在国家 1998 年停止住房实物分配前，1997 年内蒙古开发的商品住宅只占当年竣工住宅建设总量的 21.8%。说明停止住宅实物分配对房地产开发，特别是商品住宅开发起到了一定的促进作用。

2007 年，内蒙古房屋竣工面积达到 1832.91 万平方米，其中住宅竣工面积 1552.36 万平方米；年度新开工面积 3305.29 万平方米，其中新开工住宅面积 2739.55 万平方米。无论是新开工还是竣工房屋建筑中住宅占到 80% 以上，是内蒙古房地产业的重点领域。

（三）房地产交易日趋活跃，房屋销售保持良好趋势

进入 21 世纪以来，内蒙古房地产交易市场比较活跃，"十五"期间，内蒙古新建商品房屋办理交易过户手续 3794.21 万平方米，其中商品住宅 3266.76 万平方米，分别超出同期销售面积 379.14 万平方米和 461 万平方米。自 2004 年 5 月，内蒙古自治区政府《关于加快发展第三产业若干政策规定》实施以来，居民购买自用住宅全部执行 0.75% 的契税税率，对住房二级市场的搞活起到了一定的推动作用。

"十五"以来，内蒙古房屋销售额和销售面积，保持了较快的增长速度，年均增长分别为 41.2% 和 28.2%，其中 2005 年分别达到 81.4% 和 52.3%，达到最高水平，之后 2007 年也接近 2005 年的增长水平。但 2008 年因受到全球金融危机的影响，增长速度有所放缓。国务院办公厅根据全球宏观形势和全国房地产变化趋势，2008 年 12 月，出台了《关于促进房地产市场健康发展的若干意见》，对全国房地产行业触底回升和健康发展起到重要作用。

（四）房价收入比维持在合理范围，但部分地区偏高

房价收入比是房地产价格与居民平均家庭年收入的比值，反映了居民家庭对住房的支付能力，比值越高，支付能力就越低。当该指标持续增大时，表明房地产价格的上涨超过了居民实际支付能力的上涨。当市场中的房价收入比一直处在上升状态，且并没有存在市场萎缩的迹象，则说明房地产市场中投机需求的程度越高，产生房地产泡沫的可能性就越大。国际上通常认为房价收入比应维持在 3~6 的范围内。2004~2008 年，内蒙古的房价收入比始终保持在 5~6 之间，并且变化幅度不大，虽未突破警戒范围，但保持了较高的比例，表明内蒙古房地产价格与居民的收入保持了基本同步的增长。但从呼包鄂地区来看，价格有些偏离市民的实际购买能力，市民非常明显地感受到了房价的变化及其对生活的影响。以呼和浩特地区的商品房价每平方米 2992 元来测算，房价收入比为 6.2，房价收入比超出正常比例，表明该地区房地产市场存在着"消费不起"的问题。

表 10 - 1　内蒙古房地产泡沫测度分析　　　　单位:%，元

项　目　　　　　　年　份	2004	2005	2006	2007	2008
30 平方米住宅均价①②	41664	49596	54342	67395	73980
城镇居民年人均可支配收入	8123.1	9136.8	10358	12378	14480
房价收入比	5.13	5.43	5.25	5.44	5.11

说明：①均采用现价计算；②按照三口之家居住 90 平方米计算，人均居住面积为 30 平方米。

（五）商品房空置率保持在合理范围，但部分城市的空置率过高

商品房空置率是反映一定时期内房地产市场吸纳能力的重要指标，在一定程度上影响着房地产投资规模及市场走势，可作为衡量房地产开发是否过热的重要依据。按照我国有关机构设计的计算方法，用年末商品房空置面积除以近3年商品房竣工面积之和，来计算该年度的商品房空置率。具体衡量标准为：空置率小于5%，为空置不足区，说明过去几年的房地产投资不足，房地产市场呈现供不应求的状况；空置率在5%～14%之间，为空置合理区，说明过去几年的房地产投资和经济发展水平相适应；如果空置率在14%～20%之间，为空置过量区，超出20%为商品房积压区，以上两种情况，说明过去几年的房地产投资过热，增长过快，超出了经济的发展水平。

根据测算，内蒙古2007和2008年商品房空置率分别是9.8%和8.3%，处于空置合理区，反映出商品房供应充足、供需两旺。但是从省会呼和浩特的房屋空置率看，截至2008年12月底，全市商品房空置面积为263.14万平方米，而全市2006年至2008年3年的商品房竣工面积之和为818.31万平方米，根据以上两项指标测算的商品房空置率为32%，属于商品房严重积压区。

二、房地产业对建筑业的推动作用

（一）房屋工程建设是建筑业产值的重要组成部分

近5年来，内蒙古建筑业产值中房屋工程建设占一半以上，在内蒙古建筑业产值中成为最重要的组成部分。2003～2007年，内蒙古建筑业在房地产业的推动下保持了同步较快的增长。2007年，内蒙古建筑业企业（指具有资质等级的总承包和专业承包建筑业企业，不含劳务分包企业，下同）完成建筑业总产值681.1亿元，比上年增加214.1亿元，增长46%。其中，房屋工程建筑业完成总产值438.7亿元，占建筑业总产值的64.4%。同期，内蒙古房屋工程建筑业增加值在建筑业中的比重同样保持在60%左右（见图10-3）。2007年，内蒙古建筑业企业完成增加值181.2亿元，比上年增加41.5亿元，增长51%。其中，房屋工程建筑业完成总产值121.3亿元，占建筑业总产值的67%。

（二）房屋工程企业成为建筑业的主力军

近5年来，内蒙古建筑业中房屋工程建设无论在企业个数还是从业人员数量，与土木工程业、建筑安装业、建筑装饰业，以及其他建筑行业比较都处于明显优势，使内蒙古房屋工程建设成为建筑业的主力军。2003～2007年，

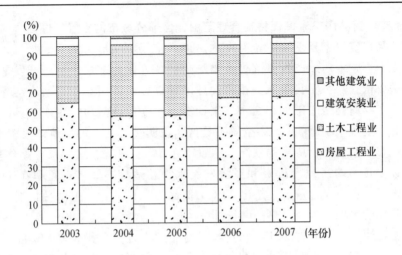

图 10 - 3　建筑业增加值构成图

房屋工程建筑企业个数占建筑企业总数的比重出现逐渐下降趋势，但仍保持在 60% 以上的比重（见图 10 - 4）。2007 年，内蒙古建筑业企业共 734 个，同比增加了 31 个，增长 4.41%。其中，房屋工程建筑企业 450 个，占建筑企业总数的 62.5%。

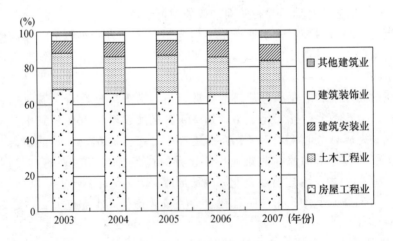

图 10 - 4　建筑企业构成图

2003～2007 年，内蒙古房屋工程建筑业从业人数占建筑业总就业人数的比重也出现下降趋势，但仍保持在 70% 以上的比重（见图 10 - 5）。2007 年，内蒙古建筑业从业人员 32.68 万人，比上年增加 9 万人，增长 30.38%。其中，房屋工程建筑业从业人员 27.71 万个，占建筑业总从业人员的 71.8%。

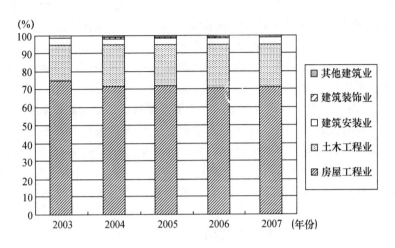

图 10-5　建筑业从业人员构成

三、房地产业对建筑业的一般影响

（一）房地产业的相对繁荣加剧建筑业结构失衡

表 10-2　内蒙古建筑业产值与商品房销售额对比表　　单位：万元,%

年份	建筑业		商品房		房屋工程建筑业	
	总产值	同比增长	销售额	同比增长	产值	同比增长
2003	2576575	17.11	696144	31.33	1610510	14.37
2004	3545091	37.59	983424	41.27	1960879	21.76
2005	3813045	7.56	1783491	81.36	2203522	12.37
2006	4670050	22.48	2588397	45.13	2957521	34.22
2007	6811038	45.85	4690015	81.19	4386957	48.33

从表 10-2 看，2003～2007 年内蒙古商品房销售额同比增速远高于建筑业总产值的增速，2006 年增速差距达到 73.8 个百分点。高速增长的商品房销

售推动了房屋工程建筑业的发展，使 2005～2007 年房屋工程建筑业的同比增速超出建筑业总产值的增速，成为建筑业的主要增长点，并且房屋工程建筑业的产值占建筑业总产值的 2/3 左右、土木工程约占 1/3，两项合计占建筑业总产值的 95%，建筑安装业、建筑装饰业和其他建筑业只占 5% 左右。房屋工程建筑业较高的增速，保持了近两年建筑业产值的稳定快速增长，但是房屋工程建筑业的一枝独秀，使内蒙古建筑业结构比例失调，特别是忽略了专业高端建筑领域的发展。

（二）房价、地价的同步上涨不利于城乡基础设施建设的健康发展

地价是地租的资本化，而地租本质是因土地条件引致的超额利润。这个超额利润即理论地租（经济学又称之为土地的价格），会随着经济的发展而不断提高，因此地租和地价有长期上升趋势，特别是城市土地表现得更为明显。从短期来看，土地供求关系的变化会引起地租地价围绕着土地超额利润发生波动。

对一个地区来讲，特别是城镇地区土地使用权出让费是基础设施建设的重要的资金来源。土地使用权出让费高低与本地区的地价成正比，而地价与房价成正比。因此可以说土地使用权出让费与这个地区的房价密切相关，房价高，土地使用权出让费充足，否则相反。较高的房价可抬高土地使用权出让费，同时也能带动建筑材料的价格的升高，增加城乡基础设施建设的成本。相反较低的房价，自然由较低的地价支撑，地方政府获得的土地使用权出让费比房价高的地区少，从而资金的短缺也会直接影响一个地区城乡基础设施建设。

（三）房地产市场的大幅波动不利于建筑业稳定发展

在市场经济中，所有为市场提供商品的生产经营活动，都带有一定的投机性。而我国房屋市场化程度很高，因此房价随市场变化较快，幅度也较大。以 2009 年 6 月份的数据为例，全国 70 个大中城市房屋销售价格才结束了自 2008 年 12 月以来的连续 6 个月负增长，但是内蒙古部分城市的房价仍是负增长。从 2008、2009 年全国房地产开发景气指数趋势图上看，从 2008 年初一直下滑，形成明显的凹形曲线（见图 10 - 6）。1～6 月份，呼和浩特市商品房销售面积和销售金额虽然环比增长 20% 左右，但同比仍低于 2008 年的水平。

房价或者说地价非正常波动的本质原因是投机。2008 年下半年随着全国房市的普遍回暖，北京、上海、广州、深圳等城市诞生的 8 块"地王"，几乎都是上市公司或其控股公司。北京备受瞩目的广渠路 15 号地由中化集团下属的中化方兴投资管理有限公司获得，奥运村地块由中电旗下的成都中泽置业获得。中化、中电两家央企的下属公司虽然都声称房地产业是其公司主业，但在地产圈内却远非主流公司。房地产市场因资金雄厚的非主流公司的进出而波动幅度加大，影响房地产业的稳定健康发展，不利于主流房地产企业或房屋工程企业的做大做强，因而也影响到建筑业的稳定发展。

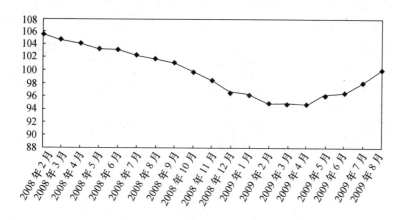

图 10 - 6　全国房地产开发景气指数趋势

第三节　促进房地产业发展的重点与任务

一、房地产业面临的机遇

（一）经济仍将保持较快发展的态势

进入 21 世纪，内蒙古迎来了一个新的快速发展时期，2008 年地区生产总值达到 7761.8 亿元，从 2003 年的全国第 24 位上升到第 16 位，由全国后列进入中列，经济社会发展实现了重大跨越。房地产业作为内蒙古地区经济的重要组成部门和先导产业，为内蒙古连续 7 年增长速度保持全国首位做出了重要贡献。内蒙古作为国家实施西部大开发、振兴东北老工业基地、加快少数民族地区发展等区域发展战略的重点区域，在国家新一轮的投资、财政等优惠政策下，在新能源、新医药、新材料等新兴产业推动下，在快速回升的外部市场需求下，将继续保持较高的增长态势，产业结构和消费结构持续升级，城乡居民生活向更加富裕的小康迈进，为内蒙古房地产业在今后较长时期内保持较快增长提供有力的保障和动力。

（二）城镇化仍将保持较快推进的态势

从1990年全国四次人口普查至今，内蒙古城镇化率平均每年增长0.87个百分点，2008年达到51.72%，高于全国平均水平6个百分点，在西部地区处于领先水平，但与发达国家的70%以上的城镇化水平仍有较大差距。以内蒙古目前的城镇化推进速度看，要达到70%以上城镇化率，还需要22年。近期内蒙古为了实现人口和生产力的布局更具优化，提出人口向城镇集中，工业向园区集中，农牧业向条件好的地方集中。"三个集中"的提出和呼—包—鄂、海—满—乌、赤—锡—通等城市圈（带）的发展以及小城镇建设步伐的加快，将进一步加快内蒙古城镇化进程，在全国较早实现70%的城镇化率的可能性加大。城镇化的加速推进使得基础设施和住房需求量增大，为内蒙古房地产业健康发展提供了更大的需求空间。

（三）"住有所居"仍将是社会保障的重点内容

改革开放以来，内蒙古居民的住房条件已经有了极大的改善，已经解决了"大多数人有房子住"的问题，基本实现了住房"脱困"的目标。但由于起点的住房水平过低、发展历史短、城镇化速度不断加快、发展不平衡等原因，低收入群体住房困难状况仍然普遍存在，城镇化过程中向城镇聚集人口的住房需求远未满足，普通工薪阶层住房改善的迫切要求面临收入和房价的尖锐矛盾。从"十二五"到2020年，内蒙古需要实现"人人有房住"、"大多数人适度改善"和"中低收入群体优先改善"，即"住有所居"。比照"全面小康社会"其他方面的生活改善程度，根据国际经验，考虑住房功能适度改善的技术性要求等，我国城镇住房定量的理想化目标应为，到"十二五"期末，城镇户均建筑面积80平方米，2020年户均90平方米。内蒙古将会有近5000万平方米的市场空间，房地产业市场潜力巨大。

二、发展重点和任务

（一）加强房地产业对建筑业的渗透，提高行业抗风险能力

鼓励建筑业和房地产业跨行业联合重组，特别是房屋工程建筑企业和专业房地产业加强联合，在资金、技术、人才、装备等资源重组的基础上，迅速做大做强一批地区龙头骨干企业。建议内蒙古政府命名一批建筑业和房地产业龙头骨干企业。建筑业和房地产业龙头骨干企业由行业主管部门制定具体综合考评办法确定。对被列为内蒙古重点骨干建筑业和房地产业企业的，

优先享受《国务院办公厅关于促进房地产市场健康发展的若干意见》和《内蒙古自治区人民政府关于加快内蒙古建筑业改革与发展的若干意见》中规定的相关优惠政策，重点加以扶持。

（二）全面推进"走出去"战略，培育一批房屋工程建筑业品牌企业

目前内蒙古大型（高档）住宅小区和专业房屋工程建设主要由区外知名企业承包并完成，明显减弱了内蒙古房地产业对建筑业的带动作用。建筑和房地产经济是外向型经济，大力开拓外地市场是发展壮大内蒙古建筑业和房地产业的必由之路。积极引导区外大型知名企业（集团）收购、兼并或参股区内建筑业和房地产企业，鼓励区内建筑业和房地产企业收购、兼并或参股区外企业，实行跨地区、跨行业的资源整合。积极推进建筑业和房地产企业规模扩张与内引外联，培育一批经营规模大、综合实力强、有较高知名度的大企业大集团。对于合并重组的建筑、房地产企业和区外大型企业在区内设立的独立法人企业，自治区将在资质升级、增项和企业登记注册等方面予以扶持。

积极引导建筑业企业和房地产企业牢固树立"创一项工程，树一座丰碑"的品牌意识，以品牌拓市场，以诚信守市场。充分利用国家和各地区的鼓励政策，发挥地区优势，千方百计开拓区外、国外市场，打响内蒙古建筑业和房地产业品牌。

（三）推广生态建筑，促进房地产业和建筑业双赢

能源与环境是 21 世纪人类共同面临的两大难题，快速发展的中国问题尤其突出。在全国的存量建筑 400 多亿平方米中，99% 是高能耗建筑，单位建筑面积能耗是发达国家的 3～4 倍。根据目前的测算，到 2020 年，全国总建筑面积将达到 700 亿平方米，并且 95% 的新建筑仍达不到国家规定的节能标准，如果我们不采取相应的有力措施，中国建筑能耗将达到 11 亿吨标准煤，是现在建筑能耗的 3 倍以上。

低碳经济是以低能耗、低污染、低排放为基础的经济模式，其实质是能源高效利用、清洁能源开发和追求绿色 GDP。内蒙古正处于工业化和城镇化高速发展时期，工农业生产能耗和排放不易快速降低，但是建筑节能降耗短期内可以广泛推广。有数据显示，全球 40% 的二氧化碳排放量来自建筑物，建筑节能越来越成为全球推广低碳经济的大趋势。

推广生态建筑，促进建筑节能不仅具有广阔的市场，对内蒙古节能减排目标的实现和建筑业、房地产业的产业结构调整，互利共赢具有重要意义。

第四节 主要对策选择

一、强化组织服务

建筑业和房地产业作为先导产业，也有其独特的发展优势，尤其是在带动经济发展、解决劳动就业、增加地方财政收入等方面，具有其他行业不可比拟的优势。各级党委和政府都应改变长期以来一直把建筑业和房地产业作为内蒙古国民经济附属的认识定位，把建筑业和房地产业列入第二产业和第三产业中的主导产业加以重视，像工业经济一样强化建筑业和房地产业的组织领导和服务水平，把房地产业和建筑业协调发展列入党委政府工作的议事日程，明确发展目标，制定中长期发展规划，研究发展对策，强化房地产业对建筑业健康快速发展的积极贡献。

二、加大政策支持

房地产业和建筑业在产业链条上属于最紧密的产业，具有相互推动、相互促进的功能。但是，目前内蒙古房地产业和建筑业只停留在表面的业务渗透，在产业升级、产业延伸方面的积极作用非常有限，缺乏政策支撑。为了优化产业结构，加强房地产业对建筑业的积极作用，内蒙古应出台相关政策，鼓励房地产业与建筑业的合并重组，鼓励本地企业积极参与保障性住房等政府工程的招投标，在严格监管、保障质量的基础上，尽量让本地企业承担，促进地区房地产业和建筑业品牌企业的培育工作。

三、加快改革步伐

进一步加快交通、铁路、水利、电力、地矿、林业等行业的建筑企业改革步伐，摆脱行业束缚，鼓励建筑业企业在发展主营业务的基础上，向房地产、新型建材、制造业、服务业、物流、能源等行业拓展，加速产业融合，提高企业融资能力和竞争能力。同时引导房地产下属的建筑企业，积极培育专业人才，提高技术水平，向专业建筑领域拓展，在企业的提升升级中促进建筑业和房地产业的协同发展。

四、促进科技转化

为应对后金融危机时代的国际竞争，国家提出瞄准未来产业发展的制高点，选择新能源、节能环保、电动汽车、新材料、新医药、生物育种和信息产业等战略性新兴产业，增强经济发展的后劲。我国即将出台的《战略性新兴产业发展规划》支持的重点领域中，新能源、节能环保、新材料、信息等产业与建筑业具有直接的产业关联，成为影响建筑业能否实现建筑节能或节能建筑的普及和科技推广的重要因素。内蒙古在新能源、节能环保、新材料、信息等产业发展具有一定基础和发展优势。今后把建筑业发展与新兴产业推动以及相关科技研发紧密结合，使更多的科技在建筑领域得到转化和应用，使内蒙古建筑业在高技术、新型材料支撑下，获得更广的发展领域。

五、促进信息支撑

建立健全房地产市场及房屋工程建筑业信息系统和预警预报体系。加快推动房地产市场信息系统建设工作，充分发挥信息对房地产市场发展和宏观调控巩固工作的引导作用。建立由规划、建设和统计部门牵头，各有关部门参与的房地产业和房屋工程建筑业信息系统建设工作协调机制，通过内蒙古统一的信息平台，依托房地产业管理的各业务系统和建设部门，将房地产开发、销售登记备案，把房地产市场信息和房地产业、建筑业统计有机整合起来，同时纳入与房地产市场发展相关的土地、金融等其他信息，形成全面客观地反映各地房地产市场运行状况的信息系统以及房地产业、建筑业预警预报体系。发改委、建设、统计、税务、物价、国土资源、银行及其他相关部门应相互配合，做好房地产市场及房屋工程建筑业信息服务和预警预报工作。

六、提高监管水平

从整体上看，目前我国的房地产业是一个不规范和不透明的行业。例如，世界上多数国家和地区都严格禁止卖"楼花"。个别国家允许，但也严格规定要按工程进度和质量分期付款，购房人对每一期工程都要监督、查验。我国在发展房地产业初期，为了扶持、鼓励开发商，允许预售，可能是必要的，但不应成为长期的政策。事实证明，现行预售制度难以保障消费者权益。出现的许多混乱，如购买面积与实际面积不符、偷工减料、实际格局与图纸不符、质量低劣甚至卷款潜逃等，都与预售制度有直接关系，给消费者带来伤害。即使是奉公守法的开发商，预售制度也容易诱导他们盲目扩张。停止预售，部分开发商可能资金断裂，拖累银行，可考虑采取过渡措施，如改一次性付全款为按工程进度和质量分期付款。但最终还是应当按国际惯例，取消预售制度。

从房地产业的经营管理到建筑工程的质量管理中的任何环节的漏洞都可能造成豆腐渣工程。提高产业和工程监管水平，加大第三方监理企业的规范化管理不仅可以提高房屋质量，更能保障广大人民群众的生命财产安全和房地产业和建筑业的产业安全。